一分鐘大歷史

從地理大發現、世紀瘟疫到車諾比核災，160 個改變世界的關鍵事件完全圖解

INSTANT HISTORY:
KEY FACTS, FIGURES, DISCOVERIES AND DEVELOPMENTS
EXPLAINED ON A SINGLE PAGE

珊卓拉‧勞倫斯 Sandra Lawrence 著

目錄

近代早期

廣義 19 世紀（1789 年至 1914 年）

戰期

冷戰至今

前言

歷史絕非單獨存在，甚至也不只是一連串的事件加總。細究起來，反倒像是各種肇因和效應所密布而成的「網」，經常牽連到數世紀前乍看毫無關聯的事物。要看清全局的唯一方法，是要退一步探究事件始末和發生場景，並找出其中的脈絡。

舉例來說，本書以地理大發現為開端，這個主題涉及層面廣泛，且看似是隨機發生的，然而，探索的欲求其實早在各方面都已醞釀許久且蓄勢待發。有些人單純想要一探海的另一頭，填補當前只能靠天馬行空的臆測來填補的空白，或許那裡會有寶藏、香辛料、礦物、食物以及新點子；歐洲人口日益增長，能擴增土地更是再好不過；有些人則想做生意，或是想找地方安頓，也有些人則帶著征服新疆域的野心。

於是眾人發現了新的土地、國家和商品，開啟了跨洲的貿易紀元。從奇異的蔬果到火藥，異國物品被引進歐洲。印刷術則促成新文化和想法的傳播。文藝復興時期所孕育出的可觀藝術作品和雄偉的建築物，不僅利用了進口素材，也是受到新興財富所資助而誕生。擁有雄厚力量的私人公司紛紛出航，透過貿易取得奢侈品、商品和勞力。這些公司得益於造船和武器的科學進展，卻也受累於日益猖獗且通常獲得政府資助的海盜行為。歐洲各國競相殖民新發現的大陸，用盡各種謀略地彼此爭戰。

另一方面，中東和遠東地區的文明也有著各自綿密的網狀發展：西方有間西斯汀禮拜堂（Sistine Chapel），東方自然就會有座紫禁城。阿茲特克帝國（Aztec Empire）輝煌發展數個世紀，卻終結於西班牙艦隊，東西方世界相互衝擊，也會再譜出新的「網」。

殖民者瓜分土地的同時，也將宗教灌輸給被征服的民族。天主教會的勢力尤其壯大，排除異己，包含非洲摩爾族（Moor）和投奔新教者，亨利八世（Henry VIII）另創英國國教即是一例。天主教不信任被迫改信者，如皈依基督宗教的猶太人，於是唆使西班牙宗教裁判所強行根除新、舊世界裡的腐化靈魂，但在過程中，其威權也不免受到撼動：基督宗教的新詮釋方式開始抵抗長期掌權的教會。清教徒和其他提倡宗教分離者加入出走行列，與歐洲探險家、貿易商和侵略者前往北美殖民地尋求新生活。甚至歐洲也派遣使節進駐蒙兀兒帝國（Mughal Empire）、鄂圖曼土耳其帝國（Ottoman Empire）。

至於在更遙遠的東方，歐洲使節則頻受挫敗。文化上的誤解導致他們鮮少有機會與自給自足的中國進行貿易，更無法與幕府時代的日本打交道。有些洲大陸則比較好下手，庫克船長（Captain Cook）新「發現」的澳洲，提供了能任意置放遭判刑的英國罪犯的垃圾場；歐洲利用奴工來推動種植園，獲取財富好在殖民母國建造皇宮、景觀花園和支應廣大的工業城市。

隨著歐洲殖民地日趨成熟。殖民洲的人民開始領悟到自己被當作搖錢樹，卻未受到等同殖民母國公民的對待。等到英格蘭國內爭戰和法國大革命相繼發生，加上受到啟蒙運動思潮影響，這些地方一個個要求自治，為日後的美利堅合眾國開了先鋒。

某些人獲取自由，也喚起了所有人對自由的渴求。世界各地仍多實行奴隸制度，解放奴隸抗爭還要好幾個世代才能如願，而美國則爆發了南北內戰。要是沒有工業革命使種植園的大地主或多或少能用機械替代人力，這場抗爭的結果可能會更加血腥。在歐洲，工人階級在城市和廠房所帶來的收益遠超乎鄉村農田的產能。陸上靠鐵道輸送、海上用蒸氣船隻運載，商人從世界各地帶回異國物品給能負擔得起的富裕人士，負擔不起的人則越來越受新思想的吸引，像是卡爾‧馬克思（Karl Marx）提倡的新世界秩序（即共產主義）。而占全人口半數的女性，也開始要求一直被忽視的基本權利──參政權。

此時，各項科學發明的成果更豐厚且速度更快，像是馬達驅動車、電燈泡和動力飛行器。這些發明物都對 20 世紀日趨複雜的「網」帶來了深遠的影響，譬如：飛機讓數百萬人得以體驗全世界，並能夠運輸物品、載送乘客、傳播資訊，也改變了戰爭的面貌，例如柏林飛船、原子彈和 911 恐攻。兩次世界大戰從起初的爆發點向外擴大，最終席捲了全球半數國家，新仇舊恨疊加，揭起了百年瘡疤。返鄉的士兵帶回西班牙流感，此流行病毒傳

播速度之快，僅次於黑死病，但與此同時，也有新型藥品、新的發現和發明帶來希望。即使世界陷入第二次慘絕人寰的大戰，人類同時也創下輝煌成就，包含在奧運突破世界紀錄，並持續邁步向前，在下半世紀陸續征服世界高峰和深海。

「網」的規模與日俱增。一人遇刺能使多人垮台，像是斐迪南大公（Archduke Ferdinand）遭刺一事。馬丁路德・金恩（Martin Luther King）和麥爾坎 X（Malcolm X）被人暗殺，則讓公民權運動聚焦於追求新的理想；而約翰・甘迺迪（John F. Kennedy）總統遇刺事件，則意外促使人類登陸月球。

本書無法囊括歷史上所有事件。就連我們收編的事蹟中，以寥寥數百字也只能碰觸到皮毛，無法交代極為複雜的議題。本書的用意在於以易消化的列點方式，呈現出世界之網千絲萬縷中的數條支線。每個主題項目皆整理出值得關注的要點，可待綜觀全局時深入探究。察覺箇中道理及事件關聯性，便更能辨清歷史的因與果。理解西班牙流感、天安門大屠殺或水門案醜聞的肇因，則讓我們更能避免重蹈覆轍。

地理大發現
AGE OF DISCOVERY

1453 年，鄂圖曼土耳其帝國阻擋了遠東至歐洲大陸的傳統貿易路線，
因此歐洲商人必須尋求新的方式來運輸貨物。

時間軸

1420 年代中期至 1460 年：葡萄牙王子「航海家亨利」（Henry the Navigator） 資助探險活動，先向南航行，接著向東沿非洲海岸航駛，於所到之處建立殖民地。

1487 年：佩羅·達·科維良（Pêro da Covilhã）跋涉陸地，橫跨埃及，抵達紅海。

1488 年：巴托羅默·狄亞士（Bartolomeu Dias）抵達非洲的風暴角（Cape of Storms，即今日的好望角），並察覺其海岸線朝北延伸。

1492 年：克里斯多福·哥倫布（Christopher Columbus）認為自己環球一周而抵達印度，但他發現的其實是南北美洲之間的西印度群島。

1497 年：義大利人約翰·卡伯特（John Cabot）到達北大西洋的紐芬蘭（Newfoundland）。

1499 年：義大利探索家亞美利哥·韋斯普奇（Amerigo Vespucci）探索了南美洲的北岸。

1500 年：佩德羅·阿爾瓦雷斯·卡布拉爾（Pedro Álvares Cabral）發現巴西。

1511 年：葡萄牙人在麻六甲建設基地，掌管南海區域的海峽。

1512 年：歐人抵達香料群島和爪哇島。

1553 年：西北航道搜索行動展開。

1557 年：澳門建立貿易港。

1576 年：馬丁·弗羅比舍（Martin Frobisher）尋找西北航道時，發現弗羅比舍灣（Frobisher Bay）。

1670 年：哈德遜灣貿易公司（Hudson Bay Trading Company，HBC）成立。

貿易貨品

西往東

駱駝
奴隸
馬匹
葡萄藤
毛皮
蜂蜜
異國水果
玻璃
地墊及毛毯
武器

東往西

絲綢
稻米
珠寶
紙張
茶葉
瓷器
香料
香水
火藥
象牙

未知之地

儘管美洲大陸已被發現，在當時的地圖上仍屬一片空白，
並被標記為「未知之地」（Terra Incognita）。

黑死病
BLACK DEATH

1348 年，兩艘船隻抵達多塞特郡（Dorset）的梅爾康姆城（Melcombe），將肆虐歐洲的致死疾病帶入了大不列顛。短短兩年間，英格蘭、蘇格蘭、威爾斯及愛爾蘭地區，就有三分之一的人口慘遭厄運。

時間軸

1346 年
歐洲出現有關此疾病的相關傳聞。

1348 年
巴黎約有 50,000 人死亡。

1330 年代晚期
位在中亞的吉爾吉斯（Kyrgystan）出現了異常死亡事件。死亡病例沿著絲路緩慢但不間斷地傳播開來。

1347 年
黑死病傳至西西里（Sicily）和義大利；佛羅倫斯（Florence）約 100,000 人喪命。

1348 年
黑死病從英格蘭，接續傳至斯堪地那維亞（Scandinavia）。

感染

「黑死病」有三種型態。所有病患都會出現發燒、頭痛及全身無力的症狀。

其他症狀如右：

腺體型
腋下和鼠蹊部出現淋巴腺腫塊

腫塊發黑、發臭

肺型
咳血
呼吸困難
胸痛

敗血型
胃痛
腹瀉

黑死病無法治癒，患者快速死亡，村內往往沒有足夠的人手可以埋葬死者。只得將一具具屍體扔入腐臭的集體掩埋區，稱為「黑死病坑」（plague pits）。

治療偏方
無花果
浸醋蛋
大黃（草藥）
哪噠（草藥）
散發甜香的草藥花束及花卉

農民暴動
黑死病爆發後，勞動力供應短缺，工人因此自覺有更多籌碼可以談判。1381 年，政府研擬徵收人頭稅時，引發了瓦特·泰勒農民起義（Peasants Revolt）。

追查禍首
數世紀以來，眾人普遍將黑死病的起因歸咎於黑鼠，但有專家表示，其實帶原的病菌可能是人類身上的寄生蟲。

反撲威脅
倫敦經歷過數次黑死病復發事件，以 1665 年的疫情最為慘重。如今世界各地仍偶見黑死病的蹤跡，主要在非洲地區，若未經治療，將會致死。

全歐洲估計共有 2 千萬人死於黑死病。

英法百年戰爭：阿金庫爾戰役

BATTLE OF AGINCOURT

1415 年 8 月，英格蘭及威爾斯聯合軍隊一度控制了法國阿夫勒港（Harfleur）。
然而，行軍至加萊城（Calais）時，英王亨利五世（Henry V）卻獲知前方道路已被法國大軍所阻。

- 時間：1415 年 10 月 25 日
- 地點：法國北方的阿金庫爾
- 參戰方：英格蘭及威爾斯聯軍 VS 法軍
- 統帥：英軍為英王亨利五世；法軍為德勒伯爵（Comte de Dreux）夏爾・德・阿爾貝（Charles d' Albert）
- 軍隊估計人數：英軍 5,000 人至 6,000 人，法軍 20,000 人至 30,000 人
- 地勢：狹窄、泥濘
- 結果：英格蘭獲勝，三分之一法國貴族戰死或被擄

戰前情勢

英格蘭及威爾斯軍隊飢餓、疲累且受痢疾感染，眾人都認為沒有勝算。對戰前夕，亨利五世走訪軍營來激勵士氣，此舉成為威廉・莎士比亞（William Shakespeare）筆下的〈聖克列斯賓日〉（St. Crispin's Day）演說而流芳百世。

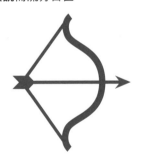

交鋒之際

包含許多貴族在內的法國騎兵向前衝鋒。英軍堅守陣地，萬箭齊發。

法軍的馬匹受傷而慌亂，身著重裝鎧甲的落馬騎兵難以重整陣勢。

整批法國步兵被己方跌落的人馬絆倒，而深陷泥沼。

英軍開始以戰俘要求贖金，但之後新一波的法軍攻勢迫使亨利五世下令處死俘虜，以再度控制戰況。法軍認為此舉有違騎士格調。

現代化武器

英格蘭及威爾斯弓箭手技藝精湛，尤其擅長長弓。法軍也配有長弓，但因距離過遠而無法施用。

莎劇《亨利五世》銘誌英格蘭的勝利。

武器

法軍		英格蘭 - 威爾斯軍
・雙手劍	・長槍	・以長弓為主，搭配能貫穿鎧甲的箭矢
・錘矛	・棍棒	・手持兵器
・匕首	・長弓	

文藝復興

RENAISSANCE

Renaissance 的字面意涵為「重生」，代表當時社會大力傾注文化活動的一波趨勢，
這些活動包含古典哲學、學術、科學、價值觀，以及最重要的──藝術。

📅 時間：約莫在 14 世紀早期至 16 世紀早期

人文主義

人文主義帶來了關注非宗教事務的新思潮，以人為本，重視人類精神，而非由教會及神學主導一切。

政治哲學

將古希臘與羅馬所崇尚的理想美德，結合了中世紀騎士精神的概念，以及新型態的權力政治，造就文藝復興時期統治者的終極指引──馬基維利（Machiavelli）的《君王論》（The Prince）。

發明

印刷術讓古今一切既存思想能自由流通，不僅眾多古典篇章及典籍首次傳印普及，新思想也大幅湧現。

美術

文藝復興在藝術領域表現最為蓬勃，以義大利為中心發展，尤以佛羅倫斯為重鎮。各類作品不僅能以新興、大膽的面貌呈現解剖學，透視法的問世，也讓許多藝術表現更加栩栩如生。

雕刻

最頂尖的雕塑作品紛紛問世，包含兩座分別由米開朗基羅（Michelangelo）、唐那提羅（Donatello）創作的少年戰士《大衛像》（David）；班迪內利（Bandinelli）的《海格力斯和凱克斯》（Hercules and Cacus）；米開朗基羅的《摩西像》（Moses）、《聖殤》（Pietà）以及雙奴隸像《垂死的奴隸》（Dying Slave）和《受縛的奴隸》（Rebellious Slave）。

文藝復興之盛期

1490 年代至 1527 年間，文藝復興三傑李奧納多・達文西（Leonardo da Vinci）、拉斐爾（Raphael）、米開朗基羅名聲盛極一時。除此之外，現代世人所熟知的藝術家當中，也有數十名是在此時期發跡，像是波提切利（Botticelli）、提香（Titian）、唐那提羅以及喬托（Giotto）。

建築

文藝復興期間，古希臘羅馬建築理論與晚進的裝飾及現代設計概念交會。至今，仍無人知曉布魯內列斯基（Brunelleschi）如何建造出坐落於佛羅倫斯的聖母百花大教堂（Santa Maria del Fiore）。

戰爭

15 世紀中期，中國精煉出的火藥技術傳播到近代早期歐洲。隨著手持槍砲出現，戰爭方式也起了變化。

科學

世界上的萬事萬物都待人探索，舉凡太空學、化學、物理及人體。

北方文藝復興

稍後待時序來到1400 年代晚期，北方文藝復興也日趨繁盛，遍及荷蘭、比利時、法國及英格蘭，催生出多名藝術家，諸如老布勒哲爾（Bruegel）、杜勒（Dürer）、小霍爾班（Holbein）以及范艾克（Van Eyck）。

阿茲特克帝國
AZTEC EMPIRE

中世紀的中美洲眾多民族中，敗於西班牙軍隊手下的阿茲特克帝國，至今仍引發無限想像。

時間軸

- **200年**：阿茲特克人從北方來到墨西哥谷。

- **1325年**：創立特諾奇蒂特蘭城，發展成滿佈堤道和運河的繁盛城市。

- **1428年**：三支民族聯手擊敗北方民族，創立阿茲特克帝國。

- **1440至1469年**：蒙特蘇馬一世（Moctezuma I）統治下的阿茲特克，為帝國的全盛時期。

- **1502年**：蒙特蘇馬二世（Moctezuma II）統治時期開始。

- **1487年**：大神廟以數千名活人獻祭。

- **1517年**：彗星劃過天際，眾人認為是不祥之兆。

- **1519年**：來自西班牙的殖民者埃爾南·科爾特斯（Hernán Cortés）下令囚禁蒙特蘇馬並將其處決。

- **1521年**：科爾特斯擊敗阿茲特克人。

- **1522年**：特諾奇蒂特蘭城被夷平改建為墨西哥城。

結構分明的社會

在階級社會中，各家各戶都屬於稱為「卡爾普利」（calpulli）的氏族單位，各個氏族組成城邦，其中規模最大的即**特諾奇蒂特蘭城**（Tenochtitlán）。其他城邦要向帝王朝貢。

阿茲特克帝國相當重視宗教。這些太陽神的子民相信，要用儀式和獻祭讓太陽日復一日升起。

受人敬畏的神祇

維齊洛波齊特里（Huitzilopochtli）：戰神、太陽神

特拉洛克（Tlaloc）：雨神

羽蛇神（Quetzalcoatl）：生命之神與風神

特斯卡特里波卡（Tezcatlipoca）：夜神

奇可梅寇特（Chicomecóatl）：農作與滋養女神

阿茲特克權力金字塔

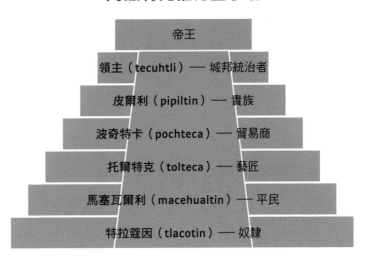

帝王

領主（tecuhtli）— 城邦統治者

皮爾利（pipiltin）— 貴族

波奇特卡（pochteca）— 貿易商

托爾特克（tolteca）— 藝匠

馬塞瓦爾利（macehualtin）— 平民

特拉寇因（tlacotin）— 奴隸

傳奇大師達文西
LEONARDO DA VINCI

李奧納多・達文西是文藝復興的重要代表人物，他對一切事物都感到著迷，
從科學到數學，從繪畫到發明，從雕刻到建築，從工程到諷刺畫，無所不精。

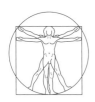

無論是何種事物，都能激起達文西的好奇心，引發他去探究、記錄及開發。他對人體內部感興趣之餘，也同樣關注外部世界；不僅探索飛翔的可能性，也把戰爭所用的概念提升到新的層次。

發明

在達文西的奇思妙想中，有實際建造出來的少之又少，或是原設計最終發現並不可行，但他的確是最先提出發想的人。他的構想包含飛行器、坦克車、自動武器、降落傘、潛水裝、自走車、直升機，甚至還有機器人。

《蒙娜麗莎的微笑》（The Mona Lisa）

創作年份：1503 年至 1519 年
展出處：巴黎羅浮宮
使用媒材：白楊木，油彩
描繪內容：不知名的人物坐姿

《最後的晚餐》（The Last Supper）

創作年份：1495 年至 1498 年
地點：米蘭的恩寵聖母教堂（Santa Maria delle Grazie）
使用媒材：蛋彩
描繪內容：耶穌被迫害前與其門徒的
　　　　　最後用餐情景

無緣面世的鉅作

達文西投注非常長的時間，預備創作 16 英呎高的青銅騎馬雕像，但青銅材料最終卻挪為大砲之用，而其原始陶模也不復存在；他生前還有許多作品亦未完成。

時間軸

- **1452 年 4 月 15 日**：出生於義大利的文西鎮（Vinci）。

- **約 1467 年**：於佛羅倫斯藝術家安德烈・德爾・委羅基奧（Andrea del Verrocchio）門下學藝。

- **1472 年**：加入畫家公會，但也同時開始描繪工程相關裝置。

- **1482 年**：赴米蘭為公爵效命，留下半成品《賢士來朝》（Adoration of the Magi）。

- **1502 年**：以軍事建築師及工程師身分受雇於教皇軍軍隊司令切薩雷・博爾吉亞（CesareBorgia）。

- **1513 年**：赴羅馬替教皇效命，但始終未接到重大委託案。

- **1516 年**：遷至法國，擔任國王的首席繪師、建築師兼工程師。

- **1519 年 5 月 2 日**：於法國的昂布瓦斯（Amboise）逝世。

文明里程碑：印刷術
PRINTING PRESS

印刷術和印刷廠以前就已存在，但一直要等到 15 世紀，
德國金匠約翰尼斯·古騰堡（Johannes Gutenberg）才成功使其機械化。

時間軸

- **868 年**：世界上記載最古老的印刷品《金剛經》，在中國以 7 塊木刻版印製而成。

- **11 世紀**：中國工匠畢昇用膠泥板發明活字印刷。

- **約 1400 年**：古騰堡出生。

- **1439 年**：一場訴訟案顯示古騰堡正在製作印刷機。

- **1454 至 1455 年**：《古騰堡聖經》付梓，成為歐洲首本印刷書。

- **1473 年**：法文書《特洛伊歷史故事集》（*Recuyell of the Historyes*）英譯本成為首本英文印刷書。

- **1476 年**：威廉·卡克斯頓（William Caxton）於倫敦設立印刷機，印刷超過 100 本書籍，包含喬叟（Chaucer）的《坎特伯里故事集》（*Canterbury Tales*）和馬羅里（Malory）的《亞瑟王之死》（*Le Morte d'Arthur*）。

在 15 世紀前的歐洲，書籍要以手工方式費時抄寫，因此極為昂貴而難以取得。

中國和韓國數百年來使用木刻版印刷，雖能排除人工抄寫的錯誤，且加速書籍創印過程，但木板不耐久用。

古騰堡油墨調配的主成分為亞麻籽油及煤油灰。

古騰堡將木板切割為「活字版」，以分別大小寫字母和標點符號。他採用製酒、製橄欖油和造紙設備所用的旋壓式設計，製造出可塑模的合金板，且能耐重壓。

《古騰堡聖經》 *The Gutenberg Bible*

此書每欄為 42 行，因此又名「四十二行聖經」（Forty-two-line Bible）。

48

為《古騰堡聖經》已知的印刷本數。

印刷機讓製書成本相對較低而快速，西方文學因而更加蓬勃。

西斯汀禮拜堂的創世傑作

SISTINE CHAPEL

西斯汀禮拜堂的《創世紀》穹頂壁畫是一大經典傑作，其中的《創造亞當》（*The Creation of Adam*）與《最後的晚餐》（*The Last Supper*），同為世界上最常受人臨摹的畫作。

 重建：教宗西斯篤四世（Pope Sixtus IV）時，1477至1480年

地點：梵蒂岡城的使徒宮（Apostolic Palace）

穹頂委託方：教宗儒略二世（Pope Julius II）

繪製時期：1508至1512年

藝術家：米開朗基羅・博納羅蒂（Michelangelo Buonarroti）

尺寸：長132英呎，寬44英呎，高68英呎，如同聖經所描述的耶路拉冷聖殿規格

米開朗基羅接獲繪製穹頂畫的委託時，正在設計建造教宗陵寢。他自詡為雕刻家，無意接受此案，卻也無法抗命，20年後，再次受託在教堂祭壇牆上繪製壁畫《最後的審判》（*The Last Judgement*），過程因環境漆黑、用眼過度，造成雙眼永久損傷。

穹頂上原為皮亞曼提・阿美利亞（Piermatteo d' Amelia）所繪的夜空星斗畫。

濕壁畫

這些壁畫都是以灰泥濕壁畫技法繪製而成。

禮拜堂壁畫繪師還包含：

・班吉歐・迪安東尼奧（Biagio di Antonio）
・桑德羅・波提切利（Sandro Botticelli）
・彼得羅・佩魯吉諾（Pietro Perugino）
・多米尼哥・基蘭達奧（Domenico Ghirlandaio）
・米奧・德拉・加塔（Bartolomeo della Gatta）
・盧卡・西諾萊利（Luca Signorelli）

西斯汀禮拜堂相關數據

9

幅《創世紀》穹頂畫位於禮拜堂天花板中央，繪製了聖經中的創世紀場景。羅馬教宗原本委託的內容是十二使徒畫，但被米開朗基羅勸退。

繪製表面積為
12,000 平方英呎

平均每日參觀人數為
25,000 名
每年則有500萬人。

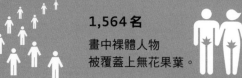

繪製的人物數
超過300名

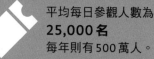

1,564 名
畫中裸體人物被覆蓋上無花果葉。

馬丁‧路德與宗教改革
MARTIN LUTHER

中世紀時，天主教會比任何一名君王還要位高權重且富裕。對許多人而言，這也是個腐敗的機構。有名德國的修道僧侶終於因忍無可忍而發難。

時間軸

- **1483年**：馬丁‧路德出生於神聖羅馬帝國薩克森領地的愛斯雷本（Eisleben）。

- **1501年**：被送去修習法律。

- **1505年**：休學並出家為修士。

- **1507年**：成為神父，同時贖罪券價格水漲船高。

- **1510年**：展開朝拜之行至羅馬，並為當地天主教會的腐敗情形大為震驚。

- **1512年**：擔任威登堡大學院長。

- **1517年10月31日**：提出〈九十五條論綱〉，遭指控為異端。

- **1519年至1520年**：繼續撻伐教會。

- **1520年**：教宗頒布訓諭，警告對馬丁‧路德祭出絕罰*處分，對此他寫下《駁斥敵基督的卑劣敕令》（Against the Execrable Bull of Antichrist）。

- **1521年**：馬丁‧路德將新約聖經翻譯為德文，讓非神職人員也能閱讀。

兜售救贖

所謂的「贖罪券」（又稱「大赦」），宣稱能縮短購買者在介於天堂及地獄間之煉獄的停留期間。

為何馬丁‧路德認為教會錯了？

馬丁‧路德引用聖經內的一段話：「義人必因信得生。」（The righteous shall live by faith.）他認為這證明擁有真正信仰的人，不需要由教會來主持告解、贖罪券販售、齋戒或是既定禱文。

〈九十五條論綱〉
Ninety-Five Theses

馬丁‧路德批判贖罪券制度，否認教宗能介入煉獄安排。

傳聞中，馬丁‧路德將論綱釘上威登堡（Wittenberg）的城堡教堂大門上。不出兩週，使用新款印刷機印製的影本傳遍整個德國，2個月後更是傳遍全歐洲。

神聖羅馬帝國（Holy Roman）的君王查理五世（Charles V）下令逮捕馬丁‧路德。於是他在潛藏期間化名為「喬治爵士」（Junker George），並將新約聖經譯為德文，展開宗教改革。

*天主教所有懲罰中最嚴厲的一種，被絕罰之人將與教會隔離，沒有教會所施予之救贖。

英文版聖經問世

BIBLE IN ENGLISH

聖經一開始皆是以拉丁文呈現,對多數人而言晦澀難懂,而這點卻正合天主教會的意。
威廉‧丁道爾(William Tyndale)則相信應該要讓每個人都能讀懂聖經。

時間軸

● 約1494年:丁道爾出生。

● 約1521年:丁道爾獲授聖職;搬遷至倫敦將聖經譯為英文,因嚴重違反教會教義,使他備感威脅。

● 1524年:丁道爾搬遷至德國,尋求將聖經譯為德文的馬丁‧路德協助。

● 1525年:丁道爾新約聖經英譯版完成,在科隆(Cologne)一地出版;各印刷本以走私方式帶入英格蘭。

● 1529年:丁道爾遭控為異端,開始流亡。

● 1534年:丁道爾誤以為英王亨利八世與教宗分道揚鑣後,自己就能安全無恙,於是遷居至比利時的安特衛普(Antwerp)。

● 1536年:丁道爾遭人出賣,因此被逮捕入獄,並遭處決。

● 1539年:亨利八世改變心意,允許教會禮拜時宣讀英文版的《大聖經》。

● 1557年:《日內瓦聖經》出版,普及於清教徒之中。

● 1611年:詹姆士王《欽定版聖經》版本成為標準聖經。

為何教會反對英譯版聖經?

當只有學者和神職人員能讀懂聖經時,教會便能**完全掌控極為注重宗教的群體。要是人人都能讀聖經,他們便會喪失權力。**

處決

丁道爾因異端之名遭火刑處死。
但他獲恩准先絞頸勒斃再受火焚。

《大聖經》 The Great Bible

亨利八世(Henry VIII)認可的《大聖經》,其大部分使用了丁道爾譯本的內容,並**將原本認定為待商榷處的關鍵段落,加以修改及補充。**

《詹姆士王版聖經》
King James Bible,KJB

詹姆士王版聖經即欽定版聖經,至今仍獲任為英文中極為優美的文學代表作品。自1604年開始,由47名英格蘭教會學者著手編譯而成。

哥白尼與日心說
NICOLAUS COPERNICUS

尼古拉・哥白尼獨排眾議，提出地球非宇宙中心的假說。

時間軸

- **1473年2月19日**：哥白尼出生於波蘭桑城（Thorn）。

- **1491年**：進入克拉科夫學院（Krakow Academ，現稱亞捷隆大學〔Uniwersytet Jagiello ski〕）。

- **1496年**：赴義大利研讀法律。

- **1503年**：回到波蘭，成為知名天文學家。

- **1508至1513年**：在《短論》中研擬行星運行相關理論。

- **1514年**：教宗有意革新曆法，參詢哥白尼意見。

- **1530年**：寫成鉅作《天體運行論六卷》。

- **1543年**：《天體運行論》發表，不久後哥白尼離世。

- **1616年**：天主教會明禁《天體運行論》。

哥白尼在波隆那（Bologna）與一名數學教授往來期間，萌生對地理及天文學的興趣。

世人常稱哥白尼理論為「日心說」（也稱「地動說」），其提出行星圍繞著固定軸星旋轉，此中心即太陽。他估算地球約一年繞日公轉一周，每日則自轉一周。

哥白尼在世時一直未將《短論》（*Commentariolus*）出版，但他發表深具影響力的講說，引起了教宗克勉七世（Pope Clement VII）的關注。

拉丁文 *De Revolutionibus Orbium Coelestium Libri VI*，字義即《天體運行論六卷》。

哥白尼在世時，與天主教廷以禮相待，且起初對此書的立場未定。馬丁・路德等新教徒則是在理論一出後立即駁斥。

〈約書亞記・第十章第10至15節〉
Joshua 10:10-15

教會之所以反對，是由於聖經文本曾提到約書亞呼求能讓日月停止。

繼伽利略（Galileo）受羅馬宗教裁判所審判後，哥白尼的著作遭禁，到了1845年才從禁書名單上除名。

英王理查三世之死
DEATH OF RICHARD III

理查三世是最後一名戰死沙場的英國君王，但他同時也是莎翁筆下卑鄙的惡人，面貌多變。
更近代的新聞中，他還成了「停車場裡的國王」。依據不同的觀點，他有著各式各樣的身分。

時間軸

- **1452年**：理查出生，是約克（York）家族的么子，不久後與蘭開斯特（Lancaster）家族產生衝突，引發了玫瑰戰爭。

- **1461年**：理查的兄長成為國王愛德華四世（Edward IV），他自己則受封為格洛斯特公爵（Duke of Gloucester）。

- **1483年4月**：愛德華四世猝死，其子愛德華五世（Edward V）於12歲繼位，此時理查擔任護國公。

- **1483年，夏**：理查自封為王，隨後主權旁落的幼王和弟弟失去行蹤。

- **1485年8月**：蘭開斯特家族的亨利・都鐸（Henry Tudor）率軍在米爾福德港（Milford Haven）登陸。

- **1485年8月**：理查親領軍隊到列斯特郡（Leicestershire）的博斯沃思（Bosworth）一處和亨利・都鐸會戰；衝鋒陷陣之際，即使落馬了也徒步奮戰，並未停下。

  理查最終在混戰中遭砍殺。

  亨利・都鐸登上王位，成為亨利七世（Henry VII）。

塔中王子

兩位王子是否在倫敦塔中遭理查謀害，至今仍意見分歧。

國王理查三世

從現代標準來看，理查算是個明君，但仍有爭議。

2012年，考古學者在列斯特（Leicester）一座停車場底下發現一具骸骨，使用放射性碳定年法和DNA鑑定，證明確是理查的屍身，其後2015年將他的遺骸送到列斯特教堂重新安葬。

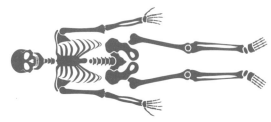

邪惡的理查國王

威廉・莎士比亞有百般理由將理查描繪為反派——莎劇中的伊莉莎白女王（Queen Elizabeth）是戰勝方亨利・都鐸的後代。

西班牙宗教裁判所
SPANISH INQUISITION

中世紀天主教會極度不信任改信基督教的猶太人，
並使用堪稱史上最極端的手段，來檢測他們對基督教的忠誠度。

📅 時間：1478 年至 1834 年

✝ 死亡人數：因過程保密而未知確切數字，估算為 30,000 至 300,000 名

📍 地點：始於西班牙，其後擴及歐洲、北非、南美洲和印度

改信者

1391 年塞爾維亞（Seville）爆發反猶太集體大屠殺後，眾多猶太人只得改信基督教，但遭控私下仍奉行原有的信仰。

〈要求真誠奉獻〉

1478 年教宗西斯篤頒布訓諭「要求真誠奉獻」（Exigit Sinceras Devotionis Affectus），特別鎖定了改信者，但疑似使用巫術、瀆神、重婚、奉行伊斯蘭教和基督新教者，也都受到調查。

托馬斯・德・托爾克馬達
生於 1420 年，卒於 1498 年

在又名「天主獵犬」（Hounds of the Lord）的道明會托缽修會修士中，大檢察官托爾克馬達（Tomás de Torquema da）為獵犬之首，主持調查、盤問和懲處。

審判

改信者歷經數個月的監禁後，將被拖行至秘密法庭前，並需自行招供罪狀，而未獲知自己受到何種罪狀的指控。

信仰之舉 審判儀式 Auto-Da-Fé

以「信仰之舉」為名的儀式，公開懲罰囚犯。

28 條法令

托爾克馬達在位期間，頒布了可以用來指控個人罪狀的法令，且任何人都可以匿名舉發其他人。

約 2,000 人

托爾克馬達在位期間，被送上火刑柱的人數。

處死

教會不想要雙手染上鮮血，因此將「有罪」之人移交世俗機關行刑。

刑求

刑求是官方所稱的「最後手段」，不應該造成流血。使用方法包括：

- 拇指壓夾
- 注水刑
- 火烤鉗
- 肢刑架
- 懸腕吊掛

另外，沒收財產也是例行流程的一環。

受刑者依懲處內容，分別穿著以下囚服：

聖賓尼陀悔罪服（Sanbenito）

黃底加紅十字、長尖帽、綁結繩圖樣→公開示眾
繩結數目→代表所受鞭數

薩邁拉火刑服（Samarra）

圖樣上繪有惡魔、受刑者受火焰圍繞→上火刑架焚燒

火刑前獲絞死服（Fuego Revolto）

倒置火焰圖樣→免受焚燒至死（但仍是死刑）

金帛盛會
FIELD OF THE CLOTH OF GOLD

1520 年，英王亨利八世和法王法蘭西斯一世（Francis I）在加萊城附近會面。
此番活動展現出文藝復興的富裕，也締造了歷史上數一數二的華麗宴會。

📅 **時間**：1520 年 6 月 7 日至 24 日

💰 **主題**：黃金

📍 **地點**：法國的加萊城

🎀 **衣著規範**：豪奢

🧍 **主辦人**：英王亨利八世和法王法蘭西斯一世

☮ **後續發展**：兩大世仇國交好持續約莫 3 年

✉ **與會者**：英、法各 6,000 人

事件背景

哈布斯堡（Hapsburg）家族的查理五世正在建造帝國，而東方的鄂圖曼土耳其人也在對歐洲施壓。相較於法國，**英格蘭力量薄弱**，但仍有成為有用盟軍的價值，於是握有權勢的紅衣主教沃斯（Cardinal Wolsey）安排雙方會面。

 國王

法蘭西斯和亨利有多處相仿，像是兩人的**年紀都是二十餘歲**，高大俊美且擅長運動，曾經打勝仗、喜愛打獵和藝術，且關注美人。他們有意更了解彼此。

 富裕

宅邸、宮殿，就連西敏寺（Westminster Abbey）的碟皿、珠寶、織物和高級土耳其毯全數都搬出來亮相。民眾拿土地貸款以穿上金織衣裳。展現出的財富量讓此事件得名為金帛聖會。

住處

法國搭建400座金棚，上頭飾以天文符號。英國方則是以磚塊和彩繪帆布建造了巨型的暫用宮殿，有四面弧形撐牆，各300英呎長，裝設著古典柱子、飄窗和噴泉。

亨利宮殿裡的透視玻璃牆寬度為 **5,000 英呎**

娛樂項目

· 騎馬長槍比試
· 武器操演
· 射箭
· 角力
· 音樂
· 饗宴

每項活動都經過精心策畫，讓雙方勢均力敵。兩名國王想要證明自己是有意維持友好，而非實力軟弱。週日，國王分別與友國的王后一同用餐。

雙王交鋒

兩王如交戰般騎馬朝對方奔去，在最後一刻掉開馬頭並相互擁抱。

英國呈上40,000加侖的克萊紅酒來灌注酒泉。

英方菜單：「魚」料理包含9,100條鰈魚、7,836條沙鮻、5,554條比目魚、2,800隻小龍蝦、700條康吉鰻、3隻鼠海豚和1隻海豚。

蒙兀兒帝國
MUGHAL EMPIRE

在蒙兀兒王朝統治之下，印度北方及巴基斯坦在文化、建築，甚至宗教寬容方面，都出現空前進展。

時間軸

- **1526年**：蒙古人巴布爾攻占位於德里（Delhi）的突厥蘇丹國（Turkic Ghur'iat Sultanate），掌控北印度大片領地。

- **1529年**：將北方邦（Uttar Pradesh）、比賈布爾納入帝國版圖。

- **1540年**：巴布爾兒子胡馬雍短暫丟失帝國，其子阿克巴助其重拾政權。

- **1605年**：阿克巴逝世之際，帝國已從阿富汗擴張到孟加拉灣，從德干區（Deccan）擴到古吉拉特邦（Gujarat）。

- **1632年**：泰姬瑪哈陵動工。

- **1707年**：奧朗則布皇帝逝世時，帝國版圖最為廣大，但也埋下日後分崩離析的種子。

- **1748年**：穆罕默德·沙（Muhammad Shah）過世後，馬拉塔人（Maratha）推翻北印度政權。

- **1803年**：德里淪陷，受控於英軍。

- **1857年**：蒙兀兒帝國的末代皇帝巴哈杜爾·沙二世（Bahadur Shah II）因參與印度兵變（Indian Mutiny）而遭放逐。

蒙兀兒盛期皇帝

巴布爾 Babur
生於 1483 年，卒於 1530 年
巴布爾從雙親那承繼了帖木兒和成吉思汗的血脈，成為統領宛如命中注定。他在位期間，對印度教徒採用懷柔政策，並廢止奴隸制。

胡馬雍 Humayun
生於 1508 年，卒於 1556 年
即使命運多舛，胡馬雍仍資助甚至親自參與藝術創作。

阿克巴 Akbar
生於 1542 年，卒於 1605 年
身為信奉回教的穆斯林，巴布爾皇孫對世界其他宗教備感興趣，且鼓勵藝文及音樂。

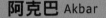

賈漢吉爾 Jahangir
生於 1569 年，卒於 1627 年
即使看似一直征戰沙場，賈漢吉爾仍舊延續其父經營的藝術文化。

沙賈汗 Shah Jahān
生於 1592 年，卒於 1666 年
醉心於建築，派人建造的泰姬瑪哈陵尤為世人所知。

奧朗則布 Aurangzeb
生於 1618 年，卒於 1707 年
出身於軍隊的奧朗則布罷黜父王，吞併維賈耶普拉（Vijayapura，正式稱呼為比賈布爾〔Bijapur〕）和戈爾康達（Golconda）地區，但對宗教態度並不寬容，且輕賤藝術。

25

麥哲倫的環球航行

FERDINAND MAGELLAN

葡萄牙航海家麥哲倫是首位橫渡太平洋的歐洲艦隊指揮官。
若非發生意外，他也會成為首名環球航行者。

時間軸

- 1480年：麥哲倫出生於葡萄牙北部。

- 1511年：所屬艦隊侵占位於馬來半島的麻六甲。

- 1513年：腿部在打鬥中受傷，因此永久跛足。

- 1517年：與葡萄牙國王不合，赴西班牙效忠國王查理一世（Charles I，即將來神聖羅馬帝國的皇帝）。

- 1519年：航向大西洋。

- 1520年：發現一座可通行的海峽，日後以他命名。

- 1521年：前後抵達關島、菲律賓。

- 1521年：在當地酋長間的衝突中身亡。

- 1522年：巴斯克（Basque）族人艾爾卡諾完成此次航行，順利返回西班牙。

1494年〈托德西利亞斯條約〉
Treaty of Tordesillas

西班牙人想要證明印尼香料群島位在西方，只要一路環球遠航即可印證。

西班牙掌控整個西區地盤　新發現的土地則屬於葡萄牙

麥哲倫相信，能夠經由南美航線找到通往東方的道路。

維德角（Cape Verde）以西 **370** 里格* 為界

胡安・塞巴斯提蒂安・艾爾卡諾（Juan Sebastián Elcano）獲賜在臂章上加上地球儀圖樣，上頭字樣寫道：「你是環繞我的第一人」。

西班牙船員對於艦隊由「敵方」領航心生不滿，且飢餓和疾病問題導致問題加劇，最終爆發兵變，被麥哲倫毫不留情地鎮壓。

5 艘
自西班牙聖路卡德巴拉梅達（Sanlúcar de Barrameda）出航的船隻數。

3 艘
平安到達麥哲倫海峽的船隻數。

1 艘
回到西班牙的船隻數。

* 歐洲和南美洲一個古老的長度單位，通常定義為3英哩（約4.828公里，僅用於陸地上），或定義為3海哩（約5.556公里，僅用於海上）。

英王亨利八世的妻子們
WIVES OF HENRY VIII

亨利八世費盡一切功夫只為讓王位能有男性繼承人，包含通過〈至高權法案〉（Act of Supremacy），宣布自己統領英國國教會，以及解散修道院制度，並任命新的坎特伯里大主教，好讓自己獲准離婚。

阿拉貢的凱薩琳
Catherine of Aragon
生於 1485 年，卒於 1536 年

1501年，凱薩琳嫁給亨利的兄長亞瑟（Arthur），但他隨即過世，於是亨利八世續娶凱薩琳。凱薩琳產下六名孩子，三男三女，但只有女兒瑪麗（Mary I）存活下來。1527年，亨利開始向教宗請求廢除婚姻，雙方僵持不下，最後英王和羅馬教宗決裂。

安妮‧博林
Anne Boleyn
生於約 1507 年，卒於 1536 年

安妮拒當沒名分的國王情婦，於是亨利在1533年1月迎娶安妮。安妮只順利生下一個女兒，也就是日後的女王伊莉莎白一世（Elizabeth I）。隨後安妮失寵，在 1536 年 5 月因通姦罪指控而遭處決。

珍‧西摩
Jane Seymour
生於 1509 年，卒於 1537 年

亨利處決第二任妻子後的第11日，娶入第三任妻子。她在 1537 年 10 月 12 日生下國王殷切期盼的男嗣愛德華（Edward），但因為生產併發症，產後不出二週便一命嗚呼。

克里維斯的安妮
Anne of Cleves
生於 1515 年，卒於 1557 年

亨利與德國克里維斯的安妮尚未謀面便定下婚約，亨利在 1540 年實際見到她時便覺得不感興趣，因為只是為了政局而聯姻，所以最後還是休妻了。

凱薩琳‧霍華德
Catherine Howard
生於 1524 年，卒於 1542 年

1540 年，亨利娶了正值二八年華的凱薩琳‧霍華德，但聽聞她婚前的情史後對她頓失興致。亨利聽信宮廷流言，認為她與人私通，在 1542 年將她斬首。

凱薩琳‧帕爾
Catherine Parr
生於約 1512 年，卒於 1548 年

亨利在 1543 年迎娶凱薩琳‧帕爾，亨利此時已老態龍鍾、肥胖且患病。雖然她心中另有所屬，但不敢抗旨，一直照顧國王到他於1547年駕崩為止。

童貞女王伊莉莎白一世
REIGN OF QUEEN ELIZABETH I

亨利八世付出高昂代價才求得愛子，要是他知道愛德華英年早逝而無後，想必會扼腕不已。
而更令他唾棄的，是他所認定的「冒牌」次女將登基為英格蘭與愛爾蘭女王。
另一方面，都鐸王朝的末任君王伊莉莎白一世，至今仍被認為是英國史上最偉大的君王之一。

> **1533年9月7日，亨利八世第二任王后安妮‧博林生下伊莉莎白，**
> **因非男嗣而未能多保其母后壽命。**

死亡接踵而至

1536年5月19日

母親安妮‧博林遭處決。

1547年1月28日

父親亨利八世駕崩。

1553年7月6日

弟弟愛德華六世（Edward VI）駕崩。

1558年11月7日

姐姐瑪麗一世（Mary I）駕崩。

英格蘭的輝煌年代

伊莉莎白統治下國家相對安寧，因此能夠有充裕時間和資金進行世界探索、國際貿易、殖民擴張以及文藝復興。

童貞女王

伊莉莎白心知自己是歐洲最身世顯赫的未婚仕女，因此巧妙在國內外的眾追求者之間周旋，讓他們彼此間反目成仇。她精明施展外交手腕，並穩住童貞女王的封號。

一定限度下的宗教寬容

女王雖然篤信新教，但對宗教迫害少有興致。只要天主教臣民在檯面上順服，她就不去深入追究私下行為。然而，女王底下的情報總督法蘭西斯‧沃辛漢勛爵（Lord Francis Walsingham）則緊迫監視密謀者的一舉一動。

榮光女王

伊莉莎白於1603年逝世，統治期間共計45年。舉行公祭時，規模空前浩大，舉國滿溢悲戚哀痛之情。

蔗糖黑暗史
DARK HISTORY OF SUGAR

中世紀的人多數牙齒保健良好。比起窮人，富裕人家可負擔起更多蜜糖，但蔗糖價格仍太過高昂。
直到後來歐洲找到了獲取更多蔗糖的方法。

時間軸

- **約西元前8000年**：人類初次食用蔗糖可能是在新幾內亞，再逐漸擴展到南亞、中國、印度等區。

- **1096至1099年**：十字軍從聖地帶回當時他們所稱的「有甜味的鹽粉」以作為香料。

- **1480年**：葡萄牙人把蔗糖帶至新大陸（即美洲）栽培。

- **1500年代**：歐洲貿易商開始將西非奴役者運送到美洲種植園工作，以生產棉花、菸草和蔗糖。

- **1600及1700年代**：因奴工提供勞動力，糖價大幅下滑，使蔗糖成為常備調味料。

- **1747年**：德國化學家安德列亞・馬格拉夫（Andreas Marggraf）在甜菜根部發現糖分，可以取代蔗糖。

蔗糖原以藥品名義進口。

蛀牙時尚

女王伊莉莎白一世鍾愛甜食，因此滿口黑牙。宮廷上下也跟隨這股風潮，因為蛀牙表示買得起糖。蛀牙很有價值，會好好收藏起來並上鎖保護。

蔗糖替代品

發現甜菜之前，唯一能靠栽種而來的蔗糖，是從勞力密集的甘蔗園取得。

蔗糖成就的宮殿

歐洲眾多宏偉建築物之所以能建成，是仰賴種植蔗糖所創造的財富。

蔗糖相關數據

15世紀為貿易蔗糖，單算葡屬小島馬德拉（Madeira）一區，就動用**約70艘**船隻。

1550年，加勒比海地區和南美共有**約3,000座**製糖廠。

80%
為歐洲取得的糖量中，產自西印度群島的比例。

20%
為1710至1770年間，蔗糖在歐洲所有進口貨物中所占比例。

蘇格蘭瑪麗女王
MARY, QUEEN OF SCOTS

瑪麗波瀾跌宕而最終難逃厄運的稱王之路，是世人津津樂道的近代歐洲故事之一。

時間軸

● **1542年**：出生於林利思哥（Linlithgow Palace），為蘇格蘭國王詹姆士五世（James V of Scotland）的獨生女，出生六天即成為女王。

● **1547年**：與英格蘭王子愛德華（Edward）訂下婚約；瑪麗的監護人反對她嫁給新教徒，於是亨利八世發動「奪妻戰爭」（Rough Wooing）。

● **1558年**：嫁給法國王太子法蘭西斯（Francis）。

● **1559年**：成為法國王后。

● **1560年**：法蘭西斯逝世，瑪麗回到蘇格蘭。

● **1565年**：嫁給表弟達恩利勳爵（Lord Darnley）。

● **1566年**：達恩利偕同數名友人，謀害瑪麗的親信大衛·利茲歐。

● **1567年**：達恩利離奇死亡；瑪麗隨即竟匆匆改嫁給博思韋爾伯爵（Earl of Bothwell），遇貴族起身反抗，遂逃獄並尋求表姑伊莉莎白一世庇護，其後遭軟禁。

● **1586年**：因叛國罪受審，確判死刑。

● **1587年2月8日**：在佛斯里亨城堡（Fotheringhay Castle）遭處斬首極刑。

為何伊莉莎白一世下令拘捕瑪麗？

伊莉莎白擔心瑪麗的擁護者會爭奪英格蘭君王的大位。

沃辛漢勳爵
Lord Walsingham

身為伊莉莎白的情報總督，必須仔細監督瑪麗擁護者的密謀。他下令要傳訊員攔截、閱讀訊息，再重新封起，以留下證據。

巴賓頓密謀 Babington plot

1586年，安東尼·巴賓頓（Anthony Babington）策劃重大陰謀，讓伊莉莎白領悟到瑪麗會成為威脅，因而不留她活口。

親自商量

瑪麗認為，只要能親口和伊莉莎白商討，勢必能講和。但如同世人所知，兩位女王並未見到面。

為何伊莉莎白沒盡早處決瑪麗？

伊莉莎白顧及與瑪麗的私人情份，同時擔心會為處決君王開下先例。

遲來的勝利

瑪麗之子，蘇格蘭的詹姆士六世（James VI of Scotland），在伊莉莎白過世後，成為英格蘭的詹姆士一世（James I of England）。

56
為大衛·利茲歐（David Rizzio）身上遭刺傷口數。

西班牙無敵艦隊

SPANISH ARMADA

西班牙無敵艦隊是伊莉莎白一世安穩統治下的唯一重大威脅，但英軍勇猛上陣，且得利於惡劣天候，終能壓制住此股勢力。

📅 **時間**：1588年5月至9月

📍 **地點**：英吉利海峽

⚔️ **參戰方**：西班牙的腓力二世（Philip II）；英格蘭的伊莉莎白一世

➕ **傷亡數**：20,000名西班牙人戰死，多人淪為戰俘。英國死傷人數低於500名

❌ **結果**：西班牙軍隊戰敗

時間軸

● **1587年2月8日**：伊莉莎白處決信奉天主教的蘇格蘭瑪麗女王；腓力二世誓言要攻打英格蘭。

● **4月27日至5月1日**：英國德瑞克爵士從卡迪斯（Cadiz）進軍攻打西班牙艦隊，摧毀100艘船艦，此事件又稱「燃燒西班牙國王的鬍子」（Singeing of the King's Beard）。

● **1588年**：西班牙緊急動員130艘無敵艦隊船艦出航，停泊於加萊城。

英軍進攻遂敗退。

英軍派裝載火炮的戰艦進攻。

格瑞福蘭海戰（Battle of Gravelines）讓西軍登岸失利。

無敵艦隊被迫北行，繞過蘇格蘭，並且行經愛爾蘭西岸，當地颳起所謂「新教之風」，讓多艘船隻傾覆。

● **1596年至1597年**：加派的兩艘無敵船艦都遭暴風摧毀。

奉行天主教的西班牙是歐洲最強大的帝國，但伊莉莎白一世也想分取新大陸的寶藏。她准許「私掠者」從加勒比海地區返航時攻打西班牙船隻，並且支持荷蘭人脫離西班牙而獨立。

巴賓頓密謀

據說，法蘭西斯·德瑞克爵士（Sir Francis Drake）聽聞無敵艦隊進攻之際，本人正在打保齡球，於是索性打完再處理西班牙帶來的威脅。

烽火

山坡上接連燃起的烽火，給了身在普利茅斯（Plymouth）待命的德瑞克信號。

女王演說

1588年8月8日，伊莉莎白在艾塞克斯郡（Essex）的提伯利（Tilbury）對軍隊發表演說。此演說鞏固擁戴她的力量。

無敵艦隊肖像畫

為了慶祝此番勝利，伊莉莎白派人為她繪畫新的肖像。此幅畫作現展示於格林威治（Greenwich）的女王宅邸（Queen's House）。

後續發展

擊退西班牙無敵艦隊在英格蘭史上記下一筆勝利戰果，但伊莉莎白一世的力量隨後出現頹勢。相較之下，西班牙人繼續把持在歐洲和新大陸的主導地位。

文豪威廉・莎士比亞
WORKS OF WILLIAM SHAKESPEARE

威廉・莎士比亞獲譽為世界一流的劇作家。他的作品寫於劇場的黃金時代，且經得起時間考驗。一般人也會不知不覺在生活中引用他所創造的用語。

誕生日：1546年4月26日　　住處：亞芬河畔的史特拉福小鎮（Stratford upon Avon），後遷至英國倫敦　　逝世日：1616年4月23日

2 首史詩
〈貞女劫〉（*The Rape of Lucrece*）及〈維納斯和阿多尼斯〉（*Venus and Adonis*）

37 齣戲劇
可大致分為三種類型，但學者因某幾齣作品「難以分類」而意見分歧。

154 首十四行詩
於 1609 年，在莎翁死後彙整出版。他的靈感泉源據稱為神秘的「黑髮女士」（Dark Lady）和「俊美青年」（Fair Youth），學界尚未查清他們的真實身分。

11 部歷史劇
包含《亨利四世・第一部及第二部》（*Henry IV Parts 1 & 2*）、《理查二世》（*Richard II*）、《亨利五世》，多數都是以都鐸王朝政權的觀點敘事，因此讓此家族的仇敵都成了反派，《理查二世》一劇中的安排即為一例。

14 部喜劇
包含《無事生非》（Much Ado About Nothing）、《錯中錯》（The Comedy of Errors）、《第十二夜》（Twelfth Night）以及《仲夏夜之夢》（A Midsummer Night's Dream）。

12 部悲劇
其中《奧賽羅》（*Othello*）、《馬克白》（*Macbeth*）、《李爾王》（*King Lear*）以及《哈姆雷特》（*Hamlet*），又被稱為四大悲劇。

2 首史詩
莎士比亞生前幾部最後的劇作，因涉及主題極為豐富而難以歸類，譬如《冬天的故事》（*The Winter's Tale*）中有人死亡，但也有眾多充滿喜感的角色，且主軸為救贖。

同世代劇作家
伊莉莎白一世劇院（Elizabethan theatre）、詹姆士一世劇院（Jacobean theatre）充滿眾多傑出的戲劇寫手。克里斯多佛・馬婁（Christopher Marlowe）、班・強生（Ben Johnson）、托馬斯・基德（Thomas Kyd）、約翰・韋伯斯特（John Webster）以及湯瑪斯・戴克（Thomas Dekker）都有莫大貢獻，且通常屬於沉重的詹姆士一世時期悲劇類型。

火藥陰謀案
GUNPOWDER PLOT

守衛發現蓋伊・福克斯（Guy Fawkes）躲藏在陰暗處，
且攜帶打火匣、懷錶和 36 箱火藥。

📅 時間：1605 年 11 月 5 日　　　📍 地點：英國倫敦，議會大廈

時間軸

- **1604 年**：蓋茲比開始召集共謀者。

- **1605 年**：幫眾在議會地下室租借場地，並在該處充填火藥。

- **10 月 26 日**：一封匿名信向國王的情報總督羅伯特・塞西爾（Robert Cecil）揭發此陰謀。

- **11 月 4 日**：午夜，爆破專家福克斯前往檢查火藥，並做好引爆的預備工作。

- **11 月 5 日**：凌晨，福克斯於地下室遭捕。

- **11 月 8 日**：其他同夥在霍爾貝克大樓（Holbeche House）遭圍捕；蓋茲比、托馬斯・帕西（Thomas Percy）在槍戰中身亡，其他人則被監禁至倫敦塔。

- **1606 年 1 月**：所有犯人都被判處絞首、挖除內臟、肢解的極刑；福克斯跳下台而摔死，僥倖逃過開腸剖肚的刑罰。

事發背景

英王詹姆士一世比前任君王伊莉莎白女王更熱衷於肅清羅馬天主教。羅伯特・蓋茲比（Robert Catesby）的大膽計畫目的是在詹姆士召開新會議時，炸毀議會大廈來一舉消滅國王、宮廷和整個政府。

刑求

福克斯受到嚴刑逼供，研判可能是上了肢刑架。從他「認罪書」上的簽名筆跡，可見他已被折磨到不成人形。

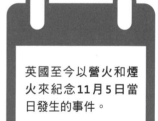

英國至今以營火和煙火來紀念 11 月 5 日當日發生的事件。

叛國者的頭顱被穿刺在長竿尖端，高懸於倫敦橋上。

海盜黃金時代
GOLDEN AGE OF PIRACY

17 世紀各種貴重貨物在各大洲之間頻繁輸送往來，也引來整個世代狂恣闖蕩的私掠海盜，摩拳擦掌要不計一切代價將這些物品得手。

時間軸

- **1630 年代**：海盜肆虐於加勒比海地區，特別是土圖嘉（Tortuga）港。

- **1693 年**：湯瑪斯·圖（Thomas Tew）建立出惡名昭彰的「海盜航線」（Pirate Round）。

- **1695 年**：威廉·基德（William Kidd）受任緝捕海盜。

- **1701 年**：基德船長因海盜罪遭絞刑。

- **1706 年**：海盜共和國成立於拿索。

- **1717 年**：黑鬍子劫持法國船隻，改名為安妮女王復仇號（*Queen Anne's Revenge*）。

- **1718 年**：大英政府收歸海盜共和國。

- **1720 年**：「印花布傑克」因海盜罪受絞而亡。

- **1721 年**：約翰·泰勒（John Taylor）和奧利維爾·萊瓦瑟（Olivier Levasseur）在海盜航線上取得單次最高斬獲。

- **1720 年代**：英國皇家海軍和受委任的海盜緝捕員壓制住猖獗情勢，終結了海盜的黃金時代。

私掠者

伊莉莎白統治時期，私掠者沃爾特·雷利（Walter Raleigh）爵士和法蘭西斯·德瑞克（Francis Drake）爵士等人為所謂的「海犬」（sea dog），意即身上持有政府頒發的私掠許可證，獲許攻擊敵船。

名揚四海的大盜

在英國母國，民眾會讀到張狂又令人崇拜的反派人物的斑斕事蹟，像是人稱「黑鬍子」的愛德華·蒂奇（Edward "Blackbeard" Teach）、又名「印花布傑克」的傑克·瑞克漢（"Calico" Jack Rackham）等人。

汪洋女盜

安妮·邦妮（Anne Bonny）和瑪麗·里德（Mary Read）是歷史上赫赫有名的海盜。格蕾絲·奧馬利（Grace O'Malley）曾經會見女王伊莉莎白一世，而清代的鄭一嫂則威震中國南海一帶。

拿索海盜共和國
Republic of Pirates of Nassau

1706 年，一幫海盜在巴哈馬（Bahamas）新普羅維登斯島（New Providence Island）上的一個廢棄港口，明目張膽地建立了自己的基地。

抵抗葡萄牙入侵的中非女王

ANA NZINGA

安娜・恩津加是恩東戈（Ndongo）地區的統領，具備高超談判技巧。
她抵抗葡萄牙入侵，並且不屈不撓地對抗國際奴隸交易。

誕生日：約 1581 年至 1661 年

住處：恩東戈王國，位在今日的中非國家安哥拉（Angola）

對峙方：恩東戈與葡萄牙殖民者

時間軸

1618 年：姆班迪罷黜了在王國失序之際奔逃而失民心的父王，但他本身卻暴虐無道且軟弱無能。

1622 年：恩津加出面與葡萄牙進行和平談判，衣著亮麗光鮮，無椅可坐時便端坐在侍從身上；她受洗，並取了基督名多娜・安娜・德索薩（Dona Ana de Souza）以贏取總督青睞，並談判要求和平；最後爭取到葡萄牙方認同。

1623 年：恩津加獲任盧安達（Luanda）總督。

1623 年：葡萄牙背棄協議，姆班迪無所作為，因此觸怒恩津加。姆班迪逝世後恩津加繼位成為女王。

恩津加宣布安哥拉為自由國家，收容逃跑的奴隸，並與葡萄牙的仇敵荷蘭結盟，建立首個跨非、歐兩洲的國家聯盟。

1626 年：葡萄牙廢除恩津加職位，她拿下馬塔姆巴（Matamba）地區，成為女王後重新整頓，籌組軍隊，並在三十年間親自率領軍隊上陣打仗。她以馬塔姆巴女王身分逝世，享壽 81 歲。

恩津加的父親吉魯安吉（Kiluanji）是採用高壓手段的恩哥拉（Ngola，國王之意），與葡萄牙人協議允許有限度的奴隸交易，恩津加堅決反對。

恩津加和兄長姆班迪（Mbandi）在**射箭**、**打獵**、**外交**和**貿易**方面受培訓。恩津加也向他們擄獲的傳教士學習葡萄牙語。

恩津加安息時，身上被披覆儀典用的豹皮，肩上斜掛弓，手中持箭。

鬱金香狂潮

TULIP MANIA

世界上興起浪漫市場風潮，
其中花卉鱗莖要價等同於資深工匠一整年的工資。

📍 地點：荷蘭

時間軸

- 1500年代晚期：鬱金香鱗莖隨著香料商船進入荷蘭。

- 1593年：卡羅勒斯·克魯斯（Carolus Clusius）在萊登（Leiden）花園裡培植了鮮麗的新栽培品種。

- 1600年代早期：生物學家競相栽培新品種。

- 1636年：熱潮達到顛峰。

- 1637年2月：價格過度膨脹，新栽種者充斥市場，造成泡沫現象。

異國風情的東方

鬱金香來自中亞的帕米爾（Pamir）地區和天山山脈一帶。鄂圖曼土耳其人非常熱衷於栽種鬱金香，此花在16世紀晚期引進西歐世界。

設計經典

鬱金香不僅豔麗而充滿異國風情，也代表高雅品味，隨處可現其蹤跡。特製的台夫特藍陶（Delftware）金字塔型花瓶，展現出朵朵綻放的花。男士也喜愛手握鬱金香入畫。在英格蘭，伊尼戈·瓊斯（Inigo Jones）為詹姆士一世設計新宮殿時，便融入「鬱金香」的樓梯結構。

引進與採購

生物學家開始在酒館、會面所相互交易，很快就進行多次買賣。一間間公司也開設來做鬱金香生意，販售給迫不及待想買新一批花卉的一眾買家。

熱潮興起

鬱金香花價上漲。最高級的鱗莖賣價可達300荷蘭盾，換算後約等同今日的2,500英鎊或3,300美元。1633年，有傳聞指出市場上能用鱗莖取代金錢來買賣房地產，但至於工匠、伐木員和砌磚者等一般人士是否也投入鬱金香熱潮商機，目前專家學者意見不一。

為何名聞遐邇？

查爾斯·麥凱（Charles MacKay）利用當時的諷刺小冊，特意誇大事蹟，使得鬱金香交易者的「痴狂」行為成為遠近馳名的餘興話題。

1633年的5,000荷蘭盾

「永遠的奧古斯都」（Semper Augustus）品種的單株鱗莖

阿姆斯特丹（Amsterdam）一間品質精良的房屋

市場崩盤後，鬱金香並未從此退流行，只是降至合理價格。

五月花號
MAYFLOWER

1620 年，一艘船從英格蘭啟航。乘客中有群虔誠的宗教分離主義者，
因不堪歐洲的宗教迫害而到新大陸尋找新生活。

船舶類型：卡瑞克大帆船（Carrack）

武裝：4 座中型砲台、8 座小型砲台

船長：克里斯多福・瓊斯
（Christopher Jones）

常見貨物：酒和乾貨

船桅數：3

航速：每日 80 英哩

規格：長 90 至 110 英呎，寬約 25 英呎

航程：66 日

這群「朝聖者」出走的原因

基督新教分離主義者拒絕向英國國教會宣誓效忠，
且對英格蘭政府的宗教迫害忍無可忍。

這些自稱「聖徒」的人士在荷蘭尋得宗教自由，但對當地自由開放
的風土民情感到震驚，因此決定在美國創立自己的社會群體。

於 1620 年 11 月 9 日抵達
科得角（Cape Cod）。

航程

1620 年 7 月，五月花號及順風
號（*Speedwell*）兩艘船隻出航，
但順風號遭遇滲水問題。

五月花號在 9 月 6 日出航時已嚴
重延遲，而遭逢暴雨季。

多名乘客生病，一名異邦客遭
風浪捲下船。

〈五月花號公約〉
Mayflower Compact

41 名聖徒和異邦客簽署協議，
自行建立合法殖民地。

102 名乘客當中：

約40名
新教分離
主義者，
稱為「聖徒」

30 名
船員

其餘一般殖民者，
稱為「異邦客」

53人

熬過第一個冬季的
乘客數。

1 個月

1621 年回程航行
所花時間。

約 3,500 萬人

五月花號乘客在美
國的後裔人數。

西方首位被處決的國王

EXECUTION OF CHARLES I

歷經 9 年流血衝突，數千人喪命，終於把國王查理一世擒拿到手，應當如何處置才好？
有些人建議用靜默的毒殺，但事關新政權的榮耀……

📅 **時間** 1649 年 1 月 30 日

📍 **地點** 倫敦的國宴廳

 後續發展 大英國協一直統治到 1660 年恢復君王制度時

審判

在眾人圍觀的法庭中，查理一世未脫帽，顯露出蔑視之意。對於叛國罪的指控，他笑出聲來而不認罪。他相信「君權神授」，意即只有上帝能夠解除祂選定的國王之職。

法庭判查理有罪，但他豁免於叛國者常遭判處的絞首、挖除內臟、肢解之極刑，而獲准了斬首的榮耀。

此事件的重要性為何？

查理之死對世界各地都有影響：要是人民可以處死自己的君王，表示任何身分的人都可以被處死。

處決

早晨：查理清晨起床，為寒冷的天氣仔細著裝。他跟隨賈克森主教禱告。

10:00：查理在隨行守衛的押解下，穿越聖雅各公園，進到國宴廳。

14:00：查理受傳喚，途經魯本斯（Rubens）設計的知名天花板，跨越窗門，走至斷頭台架設處。

國王說出最後的禱告，脫去王袍後跪下身。

劊子手大刀一揮，國王當即身首異處。

群眾傳出一陣驚恐的哀號聲，處刑人靜默地揮舞查理的頭顱。

是誰殺了國王？

行刑者經過喬裝且臉上戴著面罩，沒人曉得他的身分。

黑色標記

騎兵衛隊總部的鐘上，仍註記著國王的死亡時刻。

59 名「弒君者」簽署了查理的死亡判決書，其後一一遭清算整肅。

查理身穿**2 件衣衫**，以免因天氣嚴寒而顫抖，讓人誤以為是他心生懼怕。

在國宴廳等候**4 小時**，待處刑台搭建就緒。

史上第一位女博士

ELENA CORNARO PISCOPIA

艾蓮娜·科爾納羅·別斯科皮亞為首位取得博士學位的女性，
證明大學不必然只是專屬男性的場域。

時間軸

- **1646年6月5日**：別斯科皮亞出生於威尼斯富裕的科爾納羅家族。

- **7歲**：修習希臘及拉丁文課程。

- **11歲**：秘密宣示守貞。

- **19歲**：獲譽為全義大利學識最淵博的女性。

- **1665年**：因父親反對她當正式修道的修女，所以成為修道院獻身者（oblate，負責慈善庶務的俗世修女）。

- **1670年**：成為太平洋學院（Accademiadei Pacifici）的校長。

- **1672年**：於帕多瓦大學（University of Padua）讀神學，因女性身分而在申請攻讀神學博士時遭拒，但獲准修習哲學。

- **1677年**：在全校師生、參議院議員、威尼斯民眾及外國賓客面前辯論。

- **1678年**：完成論文答辯（學位口試），取得哲學博士學位。

- **1684年**：經過一生健康欠安、宗教苦修和慈善工作後辭世；威尼斯、西埃納（Siena）、羅馬和帕多瓦紛紛為她舉行追思會。

她會母語加外語共 **7** 種語言，獲得「七語先知」（Oraculum Septilingue）的頭銜。

精熟的語言

拉丁文	法文
希臘文	阿拉伯文
希伯來文	迦勒底文（Chaldaic）*
西班牙文	義大利文

修習過的科目

數學
哲學
音樂
文法
辯證法
天文學
神學

通曉的樂器

大鍵琴
小提琴
豎琴
小鍵琴
聲樂

維護秩序

因廣大觀眾關注，**別斯科皮亞**的答辯會場安排在帕多瓦（Padua）的天主教教堂，而非在大學當中。

獎勵

別斯科皮亞取得博士學位時，獲頒：

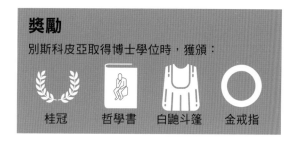

桂冠　　哲學書　　白鼬斗篷　　金戒指

後續發展

別斯科皮亞修畢神學博士所需的全部學分，但未獲准取得學位。一直等到300年後，帕多瓦大學才頒予另一名女性神學博士學位。

---

*迦勒底為一古代地區的名稱，屬巴比倫尼亞南部，即現今的伊拉克南部及科威特。

太陽王路易十四
COURT OF THE SUN KING

法王路易十四（Louis XIV）因其宮殿極其華美宏麗，
而獲「太陽王」的稱號。

路易十四

🏛 誕生日：1638 年 9 月 5 日

👑 登基年：1643 年

💍 婚配：1660 年迎娶西班牙的瑪麗·特蕾莎（Maria Theresaof Spain）

🔨 建造期間：1661 年至 1689 年於凡爾賽（Versailles）建造宮殿

🏛 完工入住：1682 年

✝ 逝世：1715 年 9 月 1 日

1661年，攝政的馬薩林樞機主教（Cardinal Mazarin）離世，於是路易十四獲得絕對統治權，他用太陽圖樣當徽章。統治時期戰火幾乎綿延不斷，但他的宮廷始終富麗堂皇。

凡爾賽宮

凡爾賽宮坐落於巴黎外不遠處，擁有令人嘆為觀止的玻璃、黃金和鏡面設計，以及非凡的權衡安排。每一區都經過謹慎衡量，以分派給「適當」的人士。

庭園

庭園造景大師安德烈·勒諾特（Andre Le Notre）在凡爾賽設計出他的傳世代表作。裡頭共有 15,000 英畝的湖泊、渠道、步道、景觀花台和雕像群，上方建有壯麗的噴泉，此景聞名至今。

凡爾賽宮內有 700 間隔間超過 4,000 名侍從

宮廷朝臣

所有貴族都要覲見國王。5,000 多名宮廷人士衣著奢麗華貴，無不想取悅路易以得到賞識。廷臣的生活更受到嚴格的階級及禮節規範。

宮廷生活

打獵、舞會、風流韻事、音樂、筵席、商談、心計謀略和緋聞，都是凡爾賽宮內習以為常的生活要素。

處決新教徒

〈南特詔書〉（Edict of Nantes）允許新教徒奉行新教的自由。路易廢止此詔書後，20,000 名屬於新教的胡格諾派教徒（Huguenot）逃離法國，奔赴至英格蘭和荷蘭。

情史

國王除了有兩段婚姻，還有 11 名情婦，子女約有 18 人。

泰姬瑪哈陵

TAJ MAHAL

泰姬瑪哈陵是獻給亡妻的愛情見證物，也或許是世界上最美麗的建築。

紀念物：泰姬瑪哈陵，蒙兀兒帝國皇帝沙賈汗獻給他最寵愛的第三任妻子慕塔芝·瑪哈（Mumtaz Mahal）

地點：印度的阿格拉（Agra）

建造期間：1632 年至 1653 年

材質：白色大理岩

高度：240 英呎

建築師：烏斯塔德·艾哈邁德·拉合里（Ustad Ahmad Lahauri）

工人數：20,000 名

建造用象隻：1,000 頭

耗資：約莫 3,200 萬印度盧比，換算後等同於今日的 6.3 億英鎊或 8.3 億美金

受封「宮中珍寶」的慕塔芝·瑪哈，在生育第十四胎時難產而死。痛心疾首的沙賈汗開始服喪。詩人描述道，他的容顏衰老、背佝僂難直、毛髮斑白。接著他像歷任帝王一樣規劃建造陵寢，但這座陵寢的水準超越以往。

愛情的紀念

泰姬瑪哈陵完美對稱且精細雕刻，上頭鑲嵌寶石，設計優雅，呈現出古典的伊斯蘭傳統。這座陵寢不僅頌詠了人類情愛，也如《古蘭經》所說，銘刻了生命的靈性之面。

遭監禁

沙賈汗晚年時，其子奧朗則布（Aurangzeb）稱王，並將父親軟禁。於是喪妻的老帝王在阿格拉堡壘中度過餘生，只能從窗外眺望這座建築鉅作。

黑色泰姬陵

傳聞中，沙賈汗有意要建造與泰姬瑪哈陵如鏡像相映的黑色大理岩建築。但沒有證據顯示這說法屬實。

4,000 平方英哩

紀念陵寢旁的無汙染保護區面積。

每年遊客數
700 至 800 萬名

重返君主制：查理二世復辟
ENGLISH RESTORATION

主導處決查理一世，權傾一時的護國公奧利弗・克倫威爾（Oliver Cromwell），其兒子理查・克倫威爾卻被稱為「搖搖欲墜的小理查」（Richard "Tumbledown Dick" Cromwell），他的失勢讓英格蘭迎回了查理二世，並重返君主制。這段復辟期間，社會上各種思想、道德觀和哲理上的革新應運而生。

時間軸

 1660 年：
查理二世（Charles II）於多弗（Dover）登陸。

 1665 年：倫敦大瘟疫爆發。

 1666 年：倫敦大火發生。

 1685 年：查理二世崩殂，復辟王朝告結。

查理二世已失去父親統治時期的「神授君權」，一舉一動幾乎都受到議會約束。

荒淫的宮廷生活

經十年來拘謹素淨的清教徒政府治理後，查理二世講求華美富麗且好傳流言的宮廷立下了新的開端。這位「快活君王」（Merry Monarch）揮霍無度，財務始終困窘，且思想奔放，很多人對他的放蕩生活震驚不已。

戰爭

雖然查理希望能夠維持和平，但在 1665 年至 1667 年間，英荷戰爭（Anglo-Dutch wars）再度上演。陷入絕境的海軍，在 1667 年著名的麥德威突襲事件（Raid on the Medway）中兵敗如山倒。英軍不得不重新籌組新海軍，最終打造出益加精良的艦隊。

科學

新一波的**傑出科學人才**在復辟期間有所作為。艾薩克・牛頓爵士（Sir Isaac Newton）、羅伯特・虎克（Robert Hooke）和克里斯多弗・雷恩爵士（Sir Christopher Wren）在天文、工程和建築等領域揮灑長才，展現出文藝復興的精髓。

劇院

克倫威爾統治時期禁止戲劇表演。這時風潮又重新燃起，且出現了英格蘭首批合法女演員。其中一人名叫奈爾・圭恩（Nell Gwyn），她從柳橙小販晉身為國王的情婦。

塞繆爾・皮普斯
Samuel Pepys

皮普斯情勢特殊，他身為一般公民，卻能夠進出上流社交圈。他記載此時期的著名日記，觀點肯實且包羅萬象。

68,596 人
1665 年瘟疫導致的死亡人數。

6 名獲證實的死者
倫敦大火中的死亡人數，但實際罹難者遠超乎此數字。

30 歲
查理在 30 歲生日時，赴倫敦登基為王。

倫敦世紀大火
GREAT FIRE OF LONDON

1666 年 9 月 2 日，普丁巷（Pudding Lane）內，湯瑪斯‧法瑞爾（Thomas Farriner）的烘焙烤爐未妥善熄火，於是倫敦城內接連 5 天燃起了熊熊大火。

時間軸

9 月 2 日

01:00 起火。

07:00 大約有 300 間屋舍燒燬。

11:00 日記紀事家塞繆爾‧皮普斯趕赴白廳告知國王查理二世，於是國王下令拆除屋舍，以阻止火勢蔓延。

9 月 3 日

09:00 約克公爵召集救火團隊。

14:00 大火燒燬皇家交易所。

9 月 4 日

05:00 國王親赴火場勉勵救火員。

12:00 魯德門（Ludgate）監獄、新門（Newgate）監獄燒燬。

20:00 聖保羅大教堂（St. Paul's Cathedral）起火。

22:00 拆除足數屋舍以拯救白廳。

23:00 風勁減弱，但風向改變而轉往儲藏著火藥的倫敦塔方向延燒。

9 月 5 日

黎明之前終於撲滅大火。

皮普斯將此事描述為：「我所見過最慘不忍睹的淒涼景象。」

大火相關數據

6 名
死者獲正式通報，但沒有人記載貧民的死亡狀況，因此實際數字應不只如此。

10,000,000 英鎊
估計因大火而損失的金額，大略等同於今日的 11 億英鎊（14 億美元）。

13,200 間 屋舍遭毀。

87 個 教區的教堂遭夷平。

80,000 人 無家可歸。

歸咎

一名法國製錶商因縱火指控而受審判並遭處決，但他其實是冤枉的。

光榮革命
GLORIOUS REVOLUTION

亨利八世分離天主教和基督新教，兩教勢力自此交惡，1688 年雙方衝突再起。
這時，對英格蘭民眾而言，寧可將國家交由信奉新教的荷蘭親王統治，也不願意讓天主教的英王繼續統治。

不得民心的國王

1673 年：查理二世通過〈立誓法案〉（Test Act），所有公職人員都必須證明自己非屬羅馬天主教。

1685 年：查理二世辭世而無後，其弟詹姆士，即天主教的約克公爵，獲加冕為詹姆士二世（James II）。

1686 年：詹姆士誤判國情民意，撤銷〈立誓法案〉，並安插天主教徒擔任重要官職。

1687 年：詹姆士頒布〈信仰自由宣言〉（Declaration of Indulgence），廢止所有限制宗教的法律。

不朽七人 Immortal Seven

一群同派人士邀請統管奧蘭治的威廉親王（Prince William of Orange），也就是瑪麗女王的夫婿進軍英格蘭，並由女王取代其父之位。

1688 年 11 月 5 日，威廉從得文郡（Devon）的托貝（Torbay）登陸，隨行軍隊兵士人數共 15,000 人。威廉受民眾歡迎，且在反天主教的暴動聲浪中，**許多詹姆士的士兵轉換陣營**。

攪亂局勢的嬰兒

原本有些人希望等詹姆士死後，英格蘭政權默默傳給信奉新教的女兒瑪麗，但 1688 年詹姆士喜獲麟兒，讓他們期望落空。

國璽

如要合法召開議會，必須要有國璽。因此詹姆士逃亡時，將國璽投入泰晤士河中，接著在流亡中度過餘生。

2 頂

王冠被用於加冕。威廉拒絕退居瑪麗的王夫，因此在 1689 年 2 月 13 日，夫妻兩人正式聯袂統治國家，也是英格蘭史上唯一一例。

塞勒姆審巫案
SALEM WITCH TRIALS

17 世紀時，北美的新英格蘭殖民統治區充滿著城鎮和村莊裡有人在施行巫術的偏執想法。
塞勒姆鎮被指控存在「巫術士」讓鎮民著魔，一時人心惶惶。

📅 時間：1692 年　　　　　📍 地點：麻薩諸塞州的塞勒姆

時間軸

1月：年值 9 歲的貝蒂‧帕里斯（Betty Parris）和 11 歲的艾比蓋兒‧威廉斯（Abigail Williams）開始出現疑似「中邪」的反應，自稱遭「下蠱」；其他少女也出現同樣的行徑。

2月：當地醫師判定她們著魔；指控開始浮現，3 名女性被指認為女巫。

3月至5月：帕里斯牧師的印地安裔奴僕提圖芭（Tituba）在審訊下認罪，三人淪為階下囚，更多人被補。

6月：即便殖民州大臣告誡法庭不應憑靠「靈界證據」定罪，但該地仍開始絞殺巫術士。

7月：審判、判決、處刑事件有增無減。

9月至10月：認罪者開始撤回供詞。

11月：高等司法法院審判其餘遭控者，但拒用靈界證據。

1693 年：剩餘遭控者獲赦。

歐洲事件開端

獵巫行動起於 14 世紀的歐洲，估計有 40,000 至 60,000 名巫術士遭處決。

信仰

新英格蘭區多數民眾為清教徒，他們素淨、敬畏神且懼怕巫術。

滾雪球效應

受控者不得不招出其他行巫者來自保，使得案情擴散。當時人人自危，但最容易被指名的卻通常是人緣不佳的鄰居、單身女性、「孤僻怪人」，以及沒有固定上教會的人。

靈界證據

見證人宣稱看見人的靈體，即惡魔的代理人。

究竟實情為何？

無人知曉。可能解釋如下：

- 氣喘
- 萊姆病
- 麥角中毒
- 癲癇
- 受虐
- 妄想症
- 腦炎

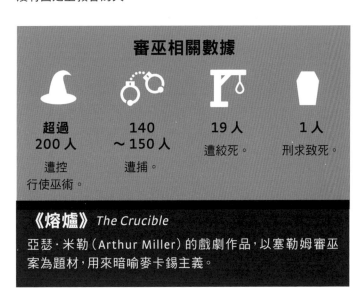

審巫相關數據

🎩	⛓️	⚖️	⚰️
超過 200 人	**140 ～150 人**	**19 人**	**1 人**
遭控行使巫術。	遭捕。	遭絞死。	刑求致死。

《熔爐》 *The Crucible*

亞瑟‧米勒（Arthur Miller）的戲劇作品，以塞勒姆審巫案為題材，用來暗喻麥卡錫主義。

音樂之父巴哈

JOHANN SEBASTIAN BACH

世界知名的作曲家約翰·賽巴斯蒂安·巴哈（亦譯巴赫），
以登峰造極的樂理成為稱霸三個世紀的「樂界尊師」（musician's musician）。

時間軸

- **1685 年 3 月 31 日**：出生於德國圖林根（Thuringia）的愛森納赫（Eisenach）。

- **1703 年**：成為威瑪王朝（Weimar）的宮廷樂師。

- **1717 年**：成為安哈特-柯登（Anhalt-Köthen）的利奧波德親王旗下宮廷樂長。

- **1721 年**：創作出〈布蘭登堡協奏曲〉（Brandenburg Concertos）和〈十二平均律〉。

- **1740 年**：視力衰退，但仍工作不輟。

- **1750 年 7 月 28 日**：逝世。

管風琴家

巴哈在世時，以管風琴琴師身分著稱。他有許多家喻戶曉的作品是使用管風琴來演奏的，包含 D 小調的觸技曲與賦格曲。

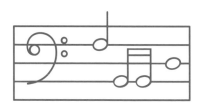

〈十二平均律〉
Well-Tempered Clavier

巴哈為學生寫下一系列的練習曲，因曲調優美，音樂家也將其中十二大調、十二小調中的 **48** 首前奏曲和賦格曲，當正式作品來演奏。

利奧波德親王（Prince Leopold）招聘巴哈時，前雇主希望將他留在身邊而把他監禁。

動手術

1750 年，巴哈勇敢接受高風險手術來治療每況愈下的視力，結果落得完全失明。

咖啡文化

巴哈的知名歌劇當中，《咖啡清唱劇》（Coffee Cantata）就是用來讚頌這種新潮的提神飲料。

未顯於世之才

巴哈很少作品在生前發表，但作品一旦公開後，即受到莫札特（Mozart）、貝多芬（Beethoven）等音樂家推崇。

1,128 部

巴哈創作的編曲留存而得以傳世。

啟蒙運動
ENLIGHTENMENT

17 世紀晚期至 18 世紀期間，眾人開始以新的角度思索世界。此段理性年代的哲學家，在科學、自由思潮和人類作為方面，撼動了先前天主教會不容質疑的「真理」與傳統君王制度，催生出革命運動。

湯瑪斯・霍布斯 Thomas Hobbes
生於 1588 年，卒於 1679 年

在《利維坦》（*Leviathan*）一著中，霍布斯主張文明的生活方式必須建立於統治者和人民之間的「社會契約」，人民將部分的個人自主權交由絕對權威統管，以換取其他權利的保障。

勒內・笛卡爾 René Descartes
生於 1596 年，卒於 1650 年

這位來自於法國的「現代哲學之父」堅信嚴謹數學、科學觀察和實驗是通往知識的途徑，留下名言「我思故我在」（I think; therefore I am.）。

約翰・洛克 John Locke
生於 1634 年，卒於 1704 年

英國哲學家洛克認為個體是由外在經驗形塑而來，並提倡要以科學實驗來尋求真理。

伏爾泰 Voltaire
生於 1694 年，卒於 1778 年

弗朗索瓦-馬里・阿魯埃（François-Marie Arouet）以「伏爾泰」為筆名著述。他將自由、宗教寬容和自主權的基本概念普及於廣大群眾。

讓－雅克・盧梭
Jean-Jacques Rousseau
生於 1712 年，卒於 1778 年

出生於日內瓦（Geneva）的盧梭，著作包含《論人類不平等的起源和基礎》（A Discourse on the Origin of Inequality）和《社會契約論》（The Social Contract）

湯瑪斯・傑佛遜
Thomas Jefferson
生於 1743 年，卒於 1826 年

傑佛遜堅信政府應該保護人民，同時不侵犯個人的自主權。他也力倡政教分離。

盛世帝國：漢諾威王朝

HANOVERIANS

英王喬治一世與其後裔統治時期長，
不僅國家興隆，在科學和藝術也出現啟蒙進展，與此同時也讓大英帝國崛起。

喬治一世 George I

1714 年至 1727 年在位

來自德國漢諾威（Hanover）的喬治一世，從來都無意學習英文。他繼承王位的順位排在第 52，公眾支持聲浪亦不高，但因信奉新教，最終得以登上王位。

喬治二世 George II

1727 年至 1760 年在位

喬治二世與父親決裂，也不受人民愛戴。統治期間歷經數場戰事，因此波瀾不斷，尤其此時「俊美王子查理」（Bonnie Prince Charlie）仍高倡「詹姆士黨」並朝蘇格蘭發動抗爭。

喬治三世 George III

1760 年至 1820 年在位

喬治三世是首名於英格蘭本土出生的漢諾威王族。他生性害羞內斂，全心全意對待家庭、妻子和職責。雖然在他統治期間丟失了美國的殖民地，且晚年精神失常，但依舊獲得人民擁戴。

喬治四世 George IV

1810 年至 1820 年在位

喬治四世尚未登基前，在父親離世前的最後十年間受任為攝政王。他是個紈褲貴公子，重視文藝風雅，因此這段攝政時期藝文風氣蓬勃興旺。

1820 年至 1830 年在位

喬治四世公開和妻子布倫瑞克的卡羅琳（Caroline of Brunswick）離婚，但這只是他失去聲望的眾多原因之一。不過當他痛失愛女夏洛特（Charlotte）時，全國民眾仍集結表示哀痛。

威廉四世 William IV

1830 年至 1837 年在位

威廉四世毫無攬權企圖。他以海為生，後世還取得「水手國王」（Sailor King）的稱號，在年屆 64 歲的晚年登上王位。他的統治時期經歷數場重要改革：新修〈濟貧法〉（Poor Law）、限制童工、廢止英帝國多數區域的奴隸制度，其中最有名的，或許就是隨著〈1832 年大改革法案〉（Great Reform Act）通過，將過時的英國電力系統汰舊換新。

維多利亞女王 Victoria

1837 年至 1901 年在位

英格蘭史上富有盛名且統治時期最長的君王，63 年又 7 個月的在位時間，創下歷任君王記錄。維多利亞是末任的漢諾威君王。她在 1840 年與薩克森-科堡-哥達王朝（Saxe-Coburg and Gotha）的阿爾伯特親王（Prince Albert）結縭，產下 9 名子女，這些子嗣分別在歐洲大陸各地與王室或貴族成親，穩固英國與其他歐洲國家的關係，並讓維多莉亞得到「歐洲祖母」的別稱。

南海金融泡沫事件
SOUTH SEA BUBBLE

歷史上一大金融投機狂熱活動，導致多人散盡家財、走投無路。

1711 年南海公司（South Sea Company）成立，主要從事奴隸貿易。公司原以為……

只要等混亂的**西班牙王位繼承戰爭**終結後，簽署和平協約就能讓他們得到**西屬南美地區貿易**的**壟斷權**，殊不知……

1713 年〈烏得勒支和約〉（Treaty of Utrecht）卻對奴隸貿易課徵稅金，且規定該公司**每年僅能派出一艘商船**。

因保證能得到豐厚的 6 % 利息，股市走勢相當迅速。

南海公司首航堪稱平順，但其後……

1718 年，英王喬治一世統管公司，投資客眼見利息達 100 %，於是人人都想買股票。

到了 1720 年，議會准許南海公司接管國債，股市更是狂漲，但市場後繼無力，8 月時股價開始下跌，接著一落千丈。

12 月時，股市崩盤，連帶拖垮政府債券。

1720 年南海公司股價

1 月：128 英鎊	6 月：1,050 英鎊
2 月：175 英鎊	8 月：800 英鎊
3 月：330 英鎊	9 月：175 英鎊
5 月：550 英鎊	12 月：124 英鎊

後續發展

眾議院下令調查，查到至少有 3 名部長收賄。羅伯特·沃波爾（Robert Walpole）出任首相時，承諾徹查罪魁禍首，但實際上只拿某些人殺一儆百，而放過其餘的人。

南海公司經由西班牙政府收購後，營運到 1853 年歇業。

幸運得利者

並非所有人都下場淒涼。在泡沫現象達到高峰時拋售股票的狡黠人士，則坐擁萬貫家財。

著有《格列佛遊記》（Gulliver's Travels）的諷刺作家喬納森·史威夫特（Jonathan Swift）也在這波市場崩盤中賠錢，他為此在韻文詩作中斥責自己。

英國本土最後一場慘烈戰役

BATTLE OF CULLODEN

俊美王子查理爭奪王位的過程短暫、血腥而最終慘敗收場，
但他在詹姆士黨判亂（Jacobite Rebellion）中扮演的角色，為蘇格蘭歷史帶來開創的一刻。

卡洛登戰役

📅 **時間**：1746 年 4 月 16 日

📍 **地點**：蘇格蘭卡洛登（Culloden）的德魯莫伊沼澤（Drumossie Moor）

⚔️ **參戰方**：查理·愛德華·斯圖亞特（Charles Edward Stuart）VS 代表大英政府的坎伯蘭公爵威廉（William，Duke of Cumberland）

➕ **傷亡估計數**：詹姆士黨 1,500 名至 2,000 名，大英政府 50 名

✖️ **結果**：查理王子稱王行動潰敗

小僭王 The Young Pretender

叱吒風雲的查理王子是英王詹姆士二世的孫子。他父親詹姆士一世人稱「老僭王」（The Old Pretender），他於羅馬長大，深信自己名歸言順應取得蘇格蘭及英格蘭的王位。

1745 年時，24 歲的查理抵達蘇格蘭。他未聽取採用游擊戰術的建議，而是說服權貴氏族加入他發動的一七四五年叛亂（Forty-five）。

他認定己方軍隊會獲得增援，尤其是法國的兵力。

坎伯蘭公爵自歐洲受召前往平息這場叛亂。

戰情

查理率領的詹姆士黨軍遭逢地勢造成的雨雪天候，受阻於泥濘地。

蘇格蘭軍以雙手持的闊刃劍戰鬥，在軍力、兵法和武器裝備上都更為遜色，不敵配備著刺刀和火銃的英國紅衫軍。

這場最後一次發生在英國國土內的會戰慘烈潰敗。

查理敗退而逃，扮裝成年輕女子弗洛拉·麥克唐納（Flora MacDonald）的女僕，他登上王位的夢想從此破滅。雖然當局祭出高額獎賞，但查理並未遭任何人出賣。

美國獨立宣言
DECLARATION OF INDEPENDENCE

〈美國獨立宣言〉對美國歷史的重要性不在話下，裏頭宣布解放殖民地之外，
也提倡人人平等，擁有不可剝奪的權利。

📅 時間：1776 年 7 月 4 日

📍 地點：費城，獨立廳的賓州
立法大廈

🖊 撰文人：羅傑·謝爾曼（Roger Sherman）、班
傑明·富蘭克林（Benjamin Franklin）、湯瑪
斯·傑佛遜（Thomas Jefferson）、約翰·亞當
斯（John Adams）及羅伯特·李文斯頓（Robert
Livingston）

全 13 個殖民州的代表皆簽署了此宣言：
新罕布夏州（New Hampshire）
麻薩諸塞灣州（Massachusetts Bay，
含緬因〔Maine〕）
羅德島州暨普洛維頓斯種植園州（Rhode Island
and Providence Plantation）
康乃狄克州（Connecticut）
紐約州（New York）
紐澤西州（New Jersey）
賓夕法尼亞州（Pennsylvania）
德拉瓦州（Delaware）
馬里蘭州（Maryland）
維吉尼亞州（Virginia）
北卡羅萊納州（North Carolina）
南卡羅萊納州（South Carolina）
喬治亞州（Georgia）

確切內容為何？

此份文件宣告美國 13 個受殖民州務必脫離一切對
大英王權的隸屬地位和政治關聯、解散大英帝國，
並且列舉對英國王權的 27 條控訴。

人人平等？

美國原住民遭人稱為「冷血的印地安野人」，民眾
也繼續蓄用非裔美籍的奴隸。

1,320 字	200 份	26 份	1 份	超過 1 百萬人
估計〈美國獨立宣言〉首批印刷數量。	已知留存的首刷版數量。	所有簽署人皆簽署的宣言，現保存於華盛頓特區的國家檔案局。	每年在煙火慶賀會上見證此文件。

4

1776 年 7 月 2 日美國宣布獨立，但國會在 7 月 4 日才批准〈美國獨
立宣言〉，實際上簽署時間可能更晚。隔年第一次舉行獨立紀念日
慶祝，共發 13 次槍響，以代表各個獲得解放的殖民州。

人生必修的環歐壯遊
GRAND TOUR

18 世紀時，英國紳士要完成遊歷各歐洲文化景點的壯遊，才能算是真正修畢學業。

啟程時，首先要通過險峻的英吉利海峽。

到了巴黎，將欣賞羅浮宮和杜樂麗宮（Tuileries）的藝術、走訪巴黎聖母院，還可以體驗法式經典假髮。

橫跨阿爾卑斯山之舉相當驚險，但義大利的壯闊美景讓一切冒險都值得。羅馬古建築和新發現的龐貝城（Pompeii）、赫庫蘭尼姆古城（Herculaneum）也是兩大景點。要是負擔不起古羅馬原畫作，當地也有眾多仿製的紀念品供選購。

認識女性是南向至威尼斯的一大考量，但當地派對也是享譽盛名，還有機會見識到一些藝術。

走一趟凡爾賽宮一睹法國宮廷的華美壯麗風采，也是不容錯過的行程。

依照個人預算考量，壯遊者也可以選擇遊歷德國、希臘、瑞士和低地國家荷比盧。

傳世作品

受典型培訓的年輕紳士能在旅程中獲得創作靈感。因此，許多英國國家級機構，其建築設計採用的新古典風格和內部裝潢的高品味擺設，要歸功於壯遊風氣。

再往南部，將能對許多古羅馬廢墟進行寫生。

那不勒斯（Naples）的交際場所，讓此城市成為必經景點，特別是能有機會在各驛站裡一親淑女芳澤。

東印度公司
EAST INDIA COMPANY

東印度公司壟斷英屬殖民地長達 200 餘年，不僅涉及生意買賣，
也主導了國內外的政治情勢、強化帝國擴張，並握有呼風喚雨的權勢。

時間軸

1600 年：伊莉莎白一世授予「倫敦商人於東印度貿易之總督暨公司」（Governor and Company of Merchants of London Trading into the East Indies）皇家特許狀。

1601 年：5 艘公司商船前往香料群島。

1708 年：公司擴大規模，成為「東印度貿易之英格蘭商人聯合公司」（United Company of Merchants of England Trading to the East Indies）。

1758 年：羅伯特・克萊芙（Robert Clive）成為孟加拉總督。

1765 年：公司統管印度大型貿易，並課徵重稅。

1773 年：波士頓傾茶事件（Boston Tea Party）爆發，將公司茶葉傾倒入海。

1784 年：〈印度法案〉（India Act）讓政府掌控商業及政治事務以掣肘公司。

1857 年：印度兵變再度耗損公司力量。

1858 年：大英政府將印度管轄權轉移至大英王權。

1873 年：公司從此歇業。

世界上第一間有限責任的企業，由一群倫敦商人組成，以共同分擔國際貿易成本。

貿易商品：
・絲綢
・靛藍染料
・棉花
・硝石
・香料
・茶
・瓷器
・鴉片（違法販運）

奴役

1620 年代起，東印度公司使用奴工，並且開始運輸奴工，此風氣在 1730 年代至 1770 年代達到巔峰。

坐擁軍力

1803 年，公司持有戰艦，以及規模達 260,000 人的常備軍，且能調用大英海軍和王權部隊。

鴉片戰爭 Opium Wars

東印度公司意圖與中國貿易，包含採購茶葉，以及販賣清廷禁售的鴉片。公司在 1839 年至 1842 年，以及 1856 至 1860 年間爆發的**兩次鴉片戰爭**中施用強大武力。

事態發展為何？

議會意圖壓制公司的權勢，逐漸收走其主導權，特別是在**印度區**的管轄，直到公司地位式微。

英國工業革命
BRITISH INDUSTRIAL REVOLUTION

18 世紀科學和哲學正繁盛發展的同時，工程及應用科學方面的發明也越趨成功。

時間軸

- **1709 年**：亞伯拉罕‧達比（Abraham Darby）用名為焦炭的精煉煤礦成功冶鐵。

- **1712 年**：湯瑪斯‧紐科曼（Thomas Newcomen）發明出第一部實際可行的蒸氣引擎。

- **1771 年**：阿克萊特在德比（Derby）附近的克勞姆弗德（Cromford）開立首間為人所知的「大規模製造廠」，使用他新發明的水力紡紗機。

- **1778 年**：詹姆斯‧瓦特（James Watt）改良蒸氣引擎。

- **1779 年**：首座鐵橋落成，證明鐵材可用來造橋。

- **1783 年至 1784 年**：亨利‧科特（Henry Cort）發明攪煉工法，有效去除鐵中雜質。

- **1784 年**：埃德蒙‧卡特萊特（Edmund Cartwright）著手開發動力織布機。

- **1801 年**：理查‧特里維西克（Richard Trevithick）打造出第一輛蒸氣動力車。

傳統手工業在自家安排一、兩位工人，工廠則是雇用數百人。

個別任務機械化，一名勞工專門負責一項製造流程，而非從頭到尾製造出一個物品。

工廠和礦場的工作條件經常十分嚴峻，童工現象亦相當普遍。

煤礦所產生的蒸氣為新開發的機台提供穩定動力，支應大量生產。運河、鐵道和路面鋪設技術，加強通訊和運輸的管道。

農業機械化和鄉村圈地運動，使得鄉村的工作機會減少，於是數千人湧入都市尋找工作。

800 人

1789 年，受雇於理查‧阿克萊特（Richard Arkwright）工廠的人數。

12 小時

工廠勞工每日普遍工時。

約有 2,000 部

蒸氣引擎於 1800 年在英國運作的總數。

超過 2,000 英哩

1815 年，運河的總長度。

從倫敦前往曼徹斯特（Manchester）普通旅程需時

1700 年　 4 日

1870 年　 2 日

英式庭園之始
ENGLISH LANDSCAPE GARDEN

富裕貴族從環歐壯遊歸來後，多會派人興建帕拉第奧式（Palladian）莊園來紀念旅程的經歷。其中蘭斯洛特・布朗（Lancelot Brown）能根據地產格局的「潛能」來提供完美規劃。

富裕金主希望地景兼顧古典和「英式」風格，認為先前的庭園太過偏重幾何設計或是一板一眼。

開創先驅

威廉・肯特（生於1685年，卒於1748年）和查爾斯・布里奇曼（生於1690年，卒於1738年）在1720年代至1730年代開始發起濫觴，將石窟、寺廟和帕拉第奧式橋梁的構想，融入自然、英格蘭的鄉村場景。

時間軸

- 1716年：布朗出生於諾森伯蘭郡（Northumberland）。

- 1724年：肯特在奇斯威克宮（Chiswick House）興建庭園。

- 1738年：位在白金漢郡的斯托莊園開始動工。

- 1763年：布朗開始布倫海姆宮的工程。

- 1764年：布朗成為皇家御用庭園造景師。

- 1783年：布朗於倫敦逝世。

斯托莊園 Stowe

斯托莊園為最具影響力的莊園之一，是由威廉・肯特（William Kent）和查爾斯・布里奇曼（Charles Bridgeman）所設計。布朗也是其中的一名園藝師。

布朗獲名「萬能布朗」（Lancelot "Capability" Brown），發展出能呈現渾然天成效果的構想。他設計的景觀包含闊景別墅、當地地標和各種「招牌看點」，包含：

- 湖泊
- 寺廟
- 方尖碑
- 精雕橋梁
- 凱旋柱
- 運河
- 古典皇陵
- 「東方風」橋梁和茶室
- 草坪
- 「林木」造景

他會不惜放水淹沒村莊、淨空林地來成就一、兩件藝術景觀，並挪移礙事的山丘以使畫面更加優美，並將牛隻置放在凹槽設計的「哈哈牆」（ha-ha wall）內畜養，且把工人完全移出視線範圍之外。

雷普頓 Repton

亨弗利・雷普頓（Humphry Repton）是後期的庭園造景大師，他的知名集冊《紅皮書》（Red Books）巧妙呈現出要是他接下貴族派件，能為地產改造的前後對比圖。

260 件

萬能布朗的景觀作品，包含：
西薩塞克斯郡（West Sussex）的佩特沃斯（Petworth）

德比郡（Derbyshire）的查茲窩斯（Chatsworth）

牛津郡（Oxfordshire）的布倫海姆宮（Blenheim Palace）

諾丁漢郡（Nottinghamshire）的克倫伯公園（Clumber Park）

超過 400 件

雷普頓獲任案件數。

21,000 英鎊

布倫海姆宮的造景成本（等同今日的400萬英鎊或520萬美元）。

景觀庭園所費不貲，顯現出擁有者上流、優雅、政治權位超群，而且是富貴人家。經歷這場熱潮後，英格蘭地貌從此大不相同。

高地淨空運動
HIGHLAND CLEARANCES

蘇格蘭的高地地區和西部群島大面積居民遭強制驅逐，
使得傳統生活方式分崩離析，也引起眾人高度不滿。

 時間：約 1750 年至約 1880 年

人物：未來地主，淨空新採購的土地來養羊隻、牛隻，將數千名租戶驅逐，並焚毀他們的屋舍

結果：眾人遷往工業化都市，好幾千人移居到美國；高地地區成為歐洲人口前幾稀疏的區域

氏族體制

淨空運動前，多數民眾居住於「城鎮」中，屬於氏族內的小耕地，由當地族長統管。

大英政府的不安

大英政府對各氏族感到不安，於卡洛登戰役爆發後，禁用格紋呢和風笛，並鼓勵經常不在領地的富裕地主把土地「轉為他用」，像是畜牧羊群，並在行經之處拆毀村落。

佃農

有些遭驅離者在邊陲地帶定居下來。亞當‧斯密（Adam Smith）等經濟學家表示，生活的艱困和不得不然會使人找出新的維生方式。有些人便是如此而從事漁業和海帶培植業。

〈佃農土地法案〉（Crofters Holdings Act 1886）將部分租戶保障授予佃農，並且設立法庭來仲裁佃戶和地主之間的糾紛。

事後效應

19 世紀末期，就連大批羊隻也從高地地區消失。不過，此時高地人和島民已經到世界各地落地生根。

相關數據

由於存在不少爭議性，這裡皆為估計數字。

約 150,000 人

高地淨空運動期間，遭驅離住處的人數。

約 70,000 名

高地人和島民，在 1760 年和 1800 年間移居外地。或許在下一個 60 年間，也有同樣多人再次如此外移。的國家檔案局。

15,000 人

薩瑟蘭女伯爵（Countess of Sutherland）和史塔福侯爵（Marquess of Stafford）的共同領地內，在 1811 年至 1821 年間遭驅逐的人數。

音樂神童莫札特
WOLFGANG AMADEUS MOZART

沃夫岡·阿瑪迪斯·莫札特超凡脫俗的音樂，堪稱世界上一大文化瑰寶。

時間軸

- **1756年**：出生於奧地利的薩爾茨堡（Salzburg）。

- **1768年**：寫下生平第一首彌撒曲〈D大調簡短彌撒曲〉（Missa Brevis in G）。

- **1770年**：14歲時，寫下生平第一部歌劇《本都國王密特里達提》（Mitridate Re di Ponto）。

- **1782年**：與康斯坦絲·魏伯（Constanze Weber）結縭，夫妻產下6名子女，但只有2名在嬰兒時期存活下來。

- **1784年**：加入英國共濟會，影響他的《魔笛》（The Magic Flute）等編曲作品。

- **1787年**：教導16歲的貝多芬。

- **1791年**：死於腎衰竭，葬於公墓。

神童

年紀輕輕的莫札特3歲就能撥出和弦，4歲就能演奏短曲，5歲開始作曲。他在16歲生日前不久，和姊姊瑪利亞·安娜（Maria Anna，小名為娜奈兒〔Nannerl〕）先後被送至慕尼黑和維也納，並至王室宮廷演奏，自此步入歐洲巡迴的生活。

〈求主垂憐〉 Miserére

這首曲葛利高里歐·阿雷格里（Gregorio Allegri）所作的傑作受私藏保護，從未在梵諦岡以外的區域演奏過。莫札特在西斯汀禮拜堂聽聞此樂曲後，竟憑記憶將全曲樂譜寫下。

樂迷

就連天才也需要靈感。莫札特特別欣賞巴赫、韓德爾（Handel）和海頓（Haydn）。

最為人稱道的作品包含

- 《費加洛的婚禮》（The Marriage of Figaro）
- 《唐·喬凡尼》（Don Giovanni）
- 《女人皆如此》（Cosi fan tutte）
- 〈C小調彌撒曲〉（Mass in C Minor）
- 〈D小調安魂曲〉（Requiem in D Minor）

莫札特創作 超過 600 部作品

- **12 首** 小提琴協奏曲
- **15 首** 彌薩曲
- **17 首** 鋼琴奏鳴曲
- **21 部** 舞台劇及歌劇
- **25 首** 鋼琴協奏曲
- **26 首** 弦樂四重奏
- **27 首** 音樂會詠嘆調
- **超過 50 首** 交響曲

波士頓傾茶事件
BOSTON TEA PARTY

〈英國茶業稅法〉(British Tea Tax) 規定只能從大英帝國將茶葉進口到美國，因此讓東印度公司壟斷市場。多項強施於殖民州而未讓人民參與的法規，在當時又添上一筆。

📅 時間：1773年12月16日

📍 地點：麻薩諸塞州的波士頓

➡️⬅️ 對峙方：大英政府VS北美殖民地人民

🔌 訴求口號：無代表，不納稅！

➕ 傷亡：約翰・克蘭（John Crane）遭落下的茶葉貨箱砸傷，但未危及生命

✖️ 結果：通過〈強制法令〉（Coercive Acts）新法規，殖民地人民稱之為「不可容忍法案」（Intolerable Acts）

山繆・亞當斯 Samuel Adams

亞當斯為多項不公義事件抗爭，包含〈蔗糖稅法〉（Sugar Act）、〈印花稅法〉（Stamp Act）和〈唐森德稅法〉（Townshend Acts）。他以慷慨激昂的演說，帶動民眾聲浪。

自由之子 Sons of Liberty

這個秘密協會是籌組以抵抗大英政府的勢力，會員經常在自由之樹下集會。

波士頓傾茶事件相關數據

1773年秋季，7艘英船駛離大不列顛島……

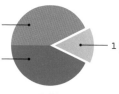

3艘停泊於波士頓 ——

—— 1艘擱淺

3艘返回

3年前

曾發生5名公民遭英國士兵殺害的波士頓屠殺事件（Boston Massacre）。

7,000人

於抗議活動中聚集。

114箱

每艘船載運的茶葉箱數。

180人

簡陋扮裝為摩霍克族印地安人（Mohawk）登船。

342箱

茶葉遭傾倒入碼頭。

0

無茶葉遭竊。這次事件性質為抗議，而非劫掠行動，起事者甚至還事後清理現場。

無人確知此次「結黨起事」的人數，因為許多人把秘密帶入墓中。

美國獨立戰爭
AMERICAN REVOLUTIONARY WAR

美國革命使得 13 個美洲殖民州能從大英帝國獨立,並且成為最初的美利堅合眾國。

時間軸

- **1756 年至 1763 年:**七年戰爭（Seven Year's War）對大英帝國造成的成本非常可觀,因此英國決定讓殖民州自行擔負軍防費用。

- **1764 年:**對北美殖民州施行〈蔗糖稅法〉,連同後續多個稅法使得大眾感到深惡痛絕。

- **1775 年 4 月 19 日:**700 人的英國軍隊於列星頓（Lexington）大敗 77 名當地人;高達 400 名美方人士接獲保羅・列維爾（Paul Revere）警示後,在康科德（Concord）反攻。

- **1775 年 6 月 17 日:**美方在邦克山之役（Battle of Bunker）吃了敗仗,但也因重挫英軍勢力而士氣大振。

- **1775 年 7 月 3 日:**喬治・華盛頓（George Washington）接管位於麻薩諸塞州劍橋的美方軍隊,他迫使英軍不得不從海路撤離波士頓,但入侵加拿大的行動則以失敗作收。

- **1776 年 7 月 4 日:**北美 13 個殖民州宣示美國獨立。

- **1781 年 9 月 5 日:**法國海軍上將德格拉斯（Admiral de Grasse）進入乞沙比克灣（Chesapeake Bay）,華盛頓率軍從陸地戰場夾擊英軍。

- **1781 年 9 月 28 日至 10 月 19 日:**約克鎮圍城戰役（Siege of Yorktown）後,使英軍迫降。

- **1783 年 9 月 3 日:**簽署〈巴黎和約〉（Treaty of Paris）,大英帝國正式承認美利堅合眾國的主權。

事件背景

北美殖民地長期執法不確實,即所謂「刻意疏忽」,因此英政府意圖重新掌握控管權,實施稅收和法規,且過程不讓民眾參與。

原先的不滿情緒積累成反對立場,最終演變為暴亂。波士頓傾茶事件發生後,英政府變本加厲打壓,實行所謂的「不可容忍法案」。

美軍	英軍
（以小型的野戰軍為主）	
231,771 名	**42,000 名**
大陸軍（國民軍）	士兵
164,087 名	**30,000 名**
民兵	傭兵

1/3 效忠於英政府的殖民地勢力

2/3 革命勢力

庫克船長橫渡太平洋
VOYAGES OF CAPTAIN COOK

詹姆斯‧庫克船長（Captain James Cook）稱要觀測金星運行而首次赴往紐澳地區，
目的聽似和平良善，但他其實懷藏別的秘密任務。

庫克船長

生於 1728 年，卒於 1779 年

原先是行商的海員，在皇家海軍中位階迅速攀升，以船長和製圖員身分聲名大噪。

金星凌日

皇家天文學家愛德蒙‧哈雷（Edmund Halley，生於 1656 年，卒於 1742 年）認為，只要在金星行經太陽前方時多加觀測，就能夠估算出太陽和地球之間的距離。

未知的南方大陸

庫克也在暗中尋找傳聞中的「南方大陸」。

首次航行

1768 年至 1771 年

✉ 官方名義：觀測金星運行

💰 贊助方：皇家協會及英國海軍

⛵ 船艦：由商船改造而來的奮進號（Endeavour）

🎨 隨船專派繪師：約瑟夫‧班克斯（Joseph Banks）

☑ 結果：觀測金星運行、繪製紐西蘭地圖、宣布澳洲的西岸為英國領土，並稱之為新南威爾斯州（New South Wales）；庫克的手下射殺了數名紐西蘭人。

第二次航行

1772 年至 1775 年

✉ 任務：尋找南方大陸

💰 贊助方：英國海軍

⛵ 船艦：決心號（Resolution）和探險號（Adventure）

🎨 隨船專派繪師：威廉‧霍齊斯（William Hodges）

☑ 結果：橫渡南極圈三次、環繞南太平洋兩周，並繪製歐洲人前所未聞的孤島及群島。

第三次航行

1776 年至 1779 年

✉ 官方名義：護送一名造訪英國的玻里尼西亞（Polynesian）島民回鄉

🔒 暗中任務：尋找能從北太平洋通往北大西洋的航道

💰 贊助方：英國海軍

⛵ 船艦：決心號和發現號（Discovery）

🎨 隨船專派繪師：約翰‧韋伯（John Webber）

☑ 結果：抵達當時未知於歐洲世人的夏威夷，島民和船員之間爆發暴力衝突；庫克、4 名海員及 16 名夏威夷人喪命。

庫克這航程大幅改變了歐洲人的世界觀，並且啟發更多場探險行動，但對遇上他的人而言，恐怕較像是場劫難。

美國第一任總統喬治 · 華盛頓
GEORGE WASHINGTON

美國第一任總統，迄今仍受尊崇為美國名副其實的愛國者。

時間軸

- **1732年2月22日**：出生於維吉尼亞州。

- **1752年**：加入殖民地民兵團。

- **1756年至1763年**：在又稱法國-印地安戰爭（French and Indian War）的七年戰爭中，因驍勇善戰而名聲大噪。

- **1759年**：娶馬莎 · 卡斯蒂斯（Martha Custis）為妻；加入維吉尼亞州眾議院，反對不公平的英國稅法。

- **1774年至1775年**：參與兩度召開的大陸會議（美國國會前身），公開支持殖民地的一方。

- **1775年**：獲任為殖民軍統帥。

- **1777年**：於薩拉托加（Saratoga）拿下勝仗。

- **1783年**：北美與英國簽定和約。

- **1787年**：獲選為制憲會議主席。

- **1789年**：擔任美國首任總統。

- **1792年**：再度當選總統。

- **1797年**：退任。

- **1799年12月4日**：逝世。

政黨分派

美國獨立後，政府幾乎即刻分成聯邦黨和民主共和黨兩黨派，華盛頓對此並不樂見。

奴隸制

華盛頓極力反對蓄奴。他策畫了〈**1794年廢除奴隸販賣法案**〉（Slave Trade Act of 1794），限制美國奴隸貿易的商船，但在他過世時，他自己的宅第配有 300 名奴役。他下令在自己死時解放這些奴隸，於是在 1800 年，妻子解放夫妻倆的奴隸。

弗農山莊 Mount Vernon
華盛頓親自照料自己的 8,000 英畝莊園，輪作農作物、施肥、管理牲畜，且對最新科學發明擁感到濃厚興趣。

白宮

〈首都選址法〉（Residence Act）讓波多馬克河（Potomac River）一帶（即華盛頓特區的前身）成為美國永久首都。華盛頓監督白宮的建造過程，但從未親自入住。

載送罪犯至澳洲的第一艦隊
FIRST FLEET

要是監獄已人滿為患,且罪犯仍源源不絕出現,應當如何處置?
不如把他們流放到在世界另一端發現的新大陸吧!

🚢 **船隻數量:** 11 艘

📅 **離港:** 1787 年 5 月 13 日從朴次茅斯（Portsmouth）啟航

📍 **抵達:** 1788 於 1 月 26 日抵達雪梨

📻 **首名總督:** 亞瑟・菲利普艦長（Captain Arthur Phillip）

🌐 **受運者國籍:** 刑犯以英國人為主,但也有非洲、美國和法國人

船上人數
共 1,420 人

僅 1,373 人平安抵達,其餘死於海上航程。

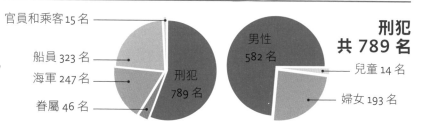

官員和乘客 15 名
船員 323 名
海軍 247 名
眷屬 46 名
刑犯 789 名

刑犯
共 789 名

男性 582 名
兒童 14 名
婦女 193 名

第一艦隊是否為遣送刑犯首例?

大英政府有將刑犯押送至北美的慣例。隨著美國獨立革命爆發,於是改送往澳洲。

未知地帶

1770 年,詹姆斯・庫克船長才將澳洲收歸為大英帝國領地。這時他們對澳洲這片土地,以及棲身此地而對英方憤恨不平的近 50 萬當地住民,還並不熟悉。

刑犯罪狀

包含:
- 輕竊盜罪
- 闖屋盜竊
- 公路搶劫
- 偷竊衣物
- 偷竊動物
- 觸犯軍法
- 娼妓
- 詐欺
- 政治抗議

菲利普艦長遺漏掉所需物資,在抵達時請求補給,並下令讓囚犯勞動。這群人技藝多元,有砌磚員、木匠、護理師、牧者、廚師、運貨夫和行政人員。

詹姆斯・魯斯（James Ruse）是首名獲准土地分配的刑犯,事實證明,這名前盜匪擅於農耕。

第一艦隊新公民
First Fleeter

1792 年時,這些罪犯陸續獲取自由。有些人回到英國,有些人決定留在新世界闖蕩。他們的後代以「第一艦隊新公民」的身分自居。

法國大革命
FRENCH REVOLUTION

1789 年時，法國群眾困於窮困和饑饉，紛紛開始追究罪魁禍首。揮霍無度的神職人員和王室，都成為鎖定目標。政府提出不公平的土地稅之後，更加重引燃了革命情緒。

時間軸

- 1789 年 5 月：國王路易十六召開三級會議來對他新擬制的土地稅進行表決。在所謂〈網球場宣言〉（Tennis Court Oath）的宣誓下，第三階級召開國民議會。

- 7 月 14 日：巴士底獄（Bastille Prison）遭攻克，貴族逃亡。

- 1791 年 6 月：王室逃逸未遂而遭捕獲。

- 1792 年：廢止君王制度。

- 1793 年至 1794 年：恐怖統治。

- 1794 年 7 月 27 日：羅伯斯比爾遭處決。

- 1804 年 5 月 18 日：拿破崙·波拿巴自封為法國皇帝。

拿破崙·波拿巴
Napoleon Bonaparte
麾下士兵於 1799 年發現羅賽塔石碑（Rosetta Stone）。

恐怖統治

這段恐怖統治期間，疑似「革命的敵人」者均遭到強硬手段對付。原先為了在處決時顧及人道而設計的「蓋盧定夫人」（Madame Guillotine）斷頭台，經常派上用場。

估計受拘捕人數：
300,000 名

官方估計處決人數：
17,000 名
（實際數字遠高於此）

估計監禁期間或尚未審判即死亡的人數：
10,000 名

數人頭

路易十六 Louis XVI
法國國王，被送上斷頭台斬首。

喬治·丹敦
Georges Danton
革命派；對恐怖統治走向大感震驚，死於斷頭台。

馬克西米連·羅伯斯比爾
Maximilien Robespierre
革命行動中的狂熱領袖，受公開處刑。

讓 - 保爾·馬拉
Jean-Paul Marat
激進的山岳黨*人士，沐浴期間遇刺而亡。

三階級

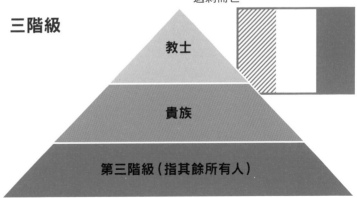

教士

貴族

第三階級（指其餘所有人）

---

*為法國大革命時期的激進派政黨，因為該黨的成員都坐在議廳最左側的高台上，因此取名「山岳黨」，也是現在形容激進人士為左派的原因。

全才偉人班傑明‧富蘭克林

BENJAMIN FRANKLIN

富蘭克林是個名副其實的通才，他的身分包含政治家、報社編輯、外交官、作家、科學家以及發明家。

時間軸

1706年1月17日：出生於波士頓；父親貧困，長期以來無法供應他上學，因此他在擔任印刷師的兄長手下當學徒。

1724年：旅居倫敦。

1726年：改至費城定居，經營《賓夕法尼亞公報》（Pennsylvania Gazette）。

1748年：擁有能退休的儲備資產，於是全心投入發明和科學。

1751年：富蘭克林的論文集出刊，名為《電流的實驗與觀察》（Experiments and Observations on Electricity）。

1736年至1751年：擔任賓州議會書記。

1750年至1764年：賓州議會議員。

1757年至1774年：在倫敦擔任賓州、喬治亞州、紐澤西州和麻薩諸塞州的殖民地代議士。

機構

富蘭克林協助創立：

- 美國哲學會（American Philosophical Society）
- 書庫公司（The Library Company）
- 學院（賓州大學前身）
- 消防公司
- 保險公司
- 醫院

富蘭克林的眾多發明：

- 富蘭克林暖爐
- 避雷針
- 電池
- 雙焦距眼鏡
- 里程儀表
- 玻璃琴
- 日光節約時間
- 搖椅
- 美國便士
- 從架上取書的「輔助長臂」

他還繪製出墨西哥灣流的洋流圖，並且區分出絕緣體和導體。

富蘭克林的風箏實驗

他在暴風雨中放風箏，證明閃電屬於一種電。

1753年至1774年：擔任殖民地郵政副局長，重新整頓郵局，奮勇投入美國獨立革命。

1776年：協助起草並簽署〈美國獨立宣言〉。

1776年：在法國與其他兩人代表美方，商議法美同盟。

1783年：以美國使節身分赴法，簽署〈巴黎和約〉（Treaty of Paris）。

1785年：回美國協助《憲章》起草。

1789年：擔任廢奴促進會會長。

1790年4月17日：於費城逝世。

法國王后瑪麗・安東妮之死
EXECUTION OF MARIE ANTOINETTE

這位前任法國王后走上斷頭台時，不小心踩到劊子手的腳，於是她的道歉成了最後的遺言。

時間軸

- **1755年11月2日**：瑪麗・安東妮・哈布斯堡 - 洛林（Maria Antonia von Hapsburg-Lothringen）出生，成為神聖羅馬帝國皇帝法蘭西斯一世的第15名子嗣。

- **1770年4月19日**：14歲時嫁給法國王位繼承人路易 - 奧古斯特（Prince Louis-Auguste）。

- **1774年5月10日**：路易十五（Louis XV）崩殂，路易 - 奧古斯特加冕為路易十六；瑪麗・安東妮登上后座，當年18歲。

- **1778年**：終於產下第1名子嗣，一生共有4名子女。

- **1785年至1786年**：偽造的醜聞使瑪麗・安東妮聲名狼藉。

- **1789年**：法國大革命開始。

- **1791年6月20日**：王室成員試圖出逃，卻在瓦雷納（Varennes）遭拘捕。

- **1792年8月10日**：群眾闖入杜樂麗宮，王室遭監禁。

- **1793年1月21日**：路易十六受處決。

- **1793年10月16日**：瑪麗・安東妮受處決。

瑪麗・安東妮起初深獲人民愛戴，但因為她在宮廷的生活豪奢，看在挨餓受苦的下層階級民眾眼裡，憤怒情緒因此日益高漲。她也成為了社會一切腐敗現象的表徵。

鑽石項錬風波

偽造文書的詐欺犯在高級珠寶詐騙案中誣陷王后涉案。雖然她實際上與此事毫無瓜葛，但卻再也得不到群眾的信任。

法國大革命

巴士底獄淪陷時，國王和王后正在哀悼死去的小女兒。不久後，也痛失了原定將來繼位的兒子。

處決

瑪麗・安東妮曾經是引領法國時尚風潮的女子，卻淪落到乘坐粗製的推車被送往斷頭台。劊子手將她的頭顱舉起示眾時，全場呼喊：「共和國萬歲！」

一代梟雄拿破崙
NAPOLEON BONAPARTE

拿破崙是史上著名的一大軍事統領，至今世人仍持續研究他的事蹟和採用的佈陣法。

時間軸

- 1769 年 8 月 15 日：出生於科西嘉島（Corsica）。

- 1785 年：從法國軍校畢業，在 58 人中排名第 42。

- 1789 年：在革命方的陣線上作戰。

- 1796 年：拿破崙靠著巧妙戰術，在義大利多次取勝。

- 1796 年：娶約瑟芬為妻。

- 1798 年：金字塔戰役（Battle of Pyramids）期間，拿破崙率軍攻入埃及。

- 1798 年：在尼羅河之役（Battle of the Nile）中，敗給納爾遜（Nelson）將軍。

- 1799 年：發動未流血的政變拿下巴黎，成為第一執政。

- 1802 年：簽訂〈亞眠條約〉（Treaty of Amiens），表面上與大英帝國維持交好。

妻室

拿破崙與約瑟芬‧博阿爾內（Joséphine de Beauharnais）14 年來轟轟烈烈的知名婚姻在 1809 年告終，因為她未添男嗣。1810 年，拿破崙強行娶了奧地利的瑪麗‧路易莎（Marie Louise ofAustria）。

三皇會戰
Battle of Three Emperors

拿破崙在奧地利的奧斯特里次（Austerlitz）部署了 68,000 名士兵，表面裝作軍力頹敗，引誘俄羅斯沙皇和奧地利神聖羅馬帝國皇帝的聯軍攻入。拿破崙突破他們的防守，並且擊殺、損傷 26,000 名士兵，或是將他們俘虜，埋下日後神聖羅馬帝國崩解的種子。

拿破崙在聖海倫娜（St. Helena）島上受囚禁，監管士兵人數：

日班：125 名
夜班：72 名

- 1804 年：《拿破崙法典》取代領地的舊制度。

- 1804 年：自行加冕為皇帝。

- 1805 年：在特拉法加海戰（Battle of Trafalgar）中戰敗。

- 1805 年：拿破崙在奧斯特里次取得畢生最成功的勝仗。

- 1812 年：出兵俄羅斯卻遭遇血流成河的慘敗，為最終的敗亡埋下伏筆。

- 1814 年：被迫退位，遭流放至愛爾巴島（Elba）。

- 1815 年：重返巴黎城，展開第二次稱帝的短暫統治。

- 1815 年：拿破崙在滑鐵盧之役（Battle of Waterloo）中落敗。

- 1821 年 5 月：在聖海倫娜的放逐期間逝世。

拿波崙經歷的戰役

7 敗
53 勝

29 名
法軍在金字塔戰役中損失的士兵數，而敵方則折損數千名士兵。

2,281 項
《拿破崙法典》（Napoleonic Code）中的條款數。

84 日
拿破崙「百日統治」的確切天數。

日不落帝國起點：特拉法加海戰

BATTLE OF TRAFALGAR

特拉法加海戰是戰爭史上的一大謎雲。英軍在特拉法加角對抗法國與西班牙的聯合艦隊，雖然奪下優勝地位，但海軍統帥也因此壯烈犧牲。

時間：1805 年 10 月 21 日

地點：西班牙西南部的特拉法加角（Trafalgar Cape）

參戰方：英國 VS 法國

統帥：英國海軍上將納爾遜勛爵（Lord Nelson）；法國海軍中將皮埃爾‧查爾斯‧德‧維倫紐夫（Pierre-Charles Villeneuve）

傷亡：英軍死傷 1,700 名；法軍死傷 6,000 人死傷名；法軍近 20,000 人受俘虜

結果：英方勝利

戰前情勢

1803 年〈亞眠條約〉破裂，英法雙方皆靜待敵方動靜。1804 年，西班牙軍加入法方陣線。納爾遜將一支法西聯合艦隊進逼到西印度群島，但到了 1805 年，海軍中將維倫紐夫已蓄勢進攻。

領袖風範

受部下愛戴的納爾遜當仁不讓，不僅親赴前線，還站上甲板，就連身旁秘書受砲擊而身斷兩截時，他仍繼續坐鎮指揮。

直徑 0.69 英吋的鉛球

納爾遜受到的致命一擊。

納爾遜之死

下午 13 點 15 分，法國船艦敬畏號（Redoubtable）的砲火擊中納爾遜，貫穿他的肺動脈，並且埋入脊椎，其他人將他撤至下方。兩軍持續猛烈交戰，且英軍不斷以變化莫測的戰術奇襲法軍。繼下午 13 點 30 分敬畏號艦長投降後，14 點 15 分，法國統帥維倫紐夫投降。其後於 16 點 30 多分，納爾遜斷氣。

公開哀悼

接到噩耗後，舉國哀鴻遍野。弔唁者陸續走向納爾遜的棺木致意。隆重喪禮後，納爾遜被下葬至聖保羅大教堂的墓室。至今每年都會舉辦悼念儀式和正式的特拉法加晚宴，以表緬懷。

15,000 名
弔唁者列隊送棺，有更多人群被拒於外。

104 座
砲台裝配在英國海軍的一級軍艦，皇家海軍勝利號（HMS Victory）上。

2,890 次
皇家海軍勝利號的砲彈發射次數。

33 艘 法軍船數　　**27 艘** 英軍船數

22 艘 法軍損失船數　　**0 艘** 英軍損失船數

埃及羅賽塔石碑
ROSETTA STONE

這片刻滿奇異符號的碎岩，乍看之下無足輕重，卻帶來一連串的解謎行動。

時間軸

西元前 196 年	1799 年 7 月 15 日	1801 年	1802 年	1917 年
雕製而成。	被尋獲。	擁有權讓渡給大英帝國。	交予大英博物館。	第二次大戰期間，藏於地下郵政鐵道。

發現

拿破崙軍隊的士兵在埃及的羅賽塔（又稱拉希德〔Rashid〕）一處發現此石碑。軍隊指揮官皮埃爾·弗朗索瓦·布夏賀察覺其重要性。

實際所述內容？

羅賽塔石碑是埃及孟斐斯（Memphis）一名神廟祭司所撰寫的詔書，支持國王托勒密五世（Ptolemy V，統治時期為西元前 204 年至西元前 181 年）的王位繼承正統性。

重要性為何？

羅賽塔石碑上，一段相同訊息以 3 種語言寫成。會其中一語的人因此能翻譯出其他內容。最後專家終於能夠順利翻譯象形文字。

文字三體

· 世俗體（埃及的日常書寫文字）
· 古希臘文
· 象形文字，主要由古埃及祭司使用。

 = α

約 1818 年

英國物理學家湯瑪士·楊（Thomas Young）發現有些石碑上的象形文字，翻譯出來代表國王托勒密五世的名字。

1822 年

法國學者尚-法蘭索瓦·商博良（Jean-François Champollion）整理出基本的字母系統。

1824 年

商博良使用與世俗體相近的科普特語（Coptic），已可完整解讀象形銘刻文字。

拉丁美洲獨立功臣
HEROES OF LATIN AMERICAN INDEPENDENCE

從 1806 年委內瑞拉革命失敗，到西班牙最後一批駐防軍瓦解，殖民南美洲 300 年的西班牙和葡萄牙政府終於垮台，過程既快速又猛烈，且衝突和憤恨情緒顯露無遺。

西蒙・玻利瓦
Simón Bolívar

生於 1783 年，卒於 1830 年

玻利瓦是魅力非凡的軍隊統籌，人稱「解放者」，他引領委內瑞拉起身革命以抵抗西班牙，接著繼續投身於博亞卡戰役（Battle of Boyacá）。此戰中，己方只有 13 名兵力陣亡及 50 名士兵負傷，就消滅了 200 名保皇軍並擄獲 1,600 人。玻利瓦最後統治了現今的委內瑞拉、哥倫比亞、厄瓜多、祕魯、巴拿馬和玻利維亞，可惜和平未能長久維持。

貝爾納多・奧希金斯
Bernardo O'Higgins

生於約 1776 年，卒於 1842 年

仕紳奧希金斯是智利的國族英雄，他指揮的軍隊最終將智利從西班牙手上解放，他也成為最高執政長。

弗朗西斯科・德米蘭達
Francisco de Miranda

生於 1750 年，卒於 1816 年

雖然他在 1806 年解放家鄉委內瑞拉之舉落敗，但精神啟發了後人。

伊達爾戈神父
Father Hidalgo

生於 1753 年，卒於 1811 年

米格爾・伊達爾戈・伊・科斯蒂利亞（Miguel Hidalgo y Costilla）從原先的神父轉變身分投入革命。雖然他最終遭到處決，但成為墨西哥獨立的代表人物。

荷西・德・聖馬丁
José de San Martín

生於 1778 年，卒於 1850 年

聖馬丁出生籍貫屬於阿根廷，當上西班牙軍隊的軍官，但後來轉換陣營，加入革命勢力來對抗阿根廷、智利和祕魯。

曼努埃拉・賽恩斯
Manuela Sáenz

生於 1797 年，卒於 1856 年

玻利瓦的情婦，祖籍為厄瓜多。她在 1828 年從暗殺者手中拯救玻利瓦，成為所謂「解放者的解放者」（the Liberator of the Liberator）。

文藝薈萃的攝政時代
REGENCY

英王喬治三世健康狀態惡化到無法治理國家時，
其子，也就是未來的喬治四世，開始以攝政王身分代為管理。

 時間：1810 年至 1820 年

 期間名著：珍·奧斯汀（Jane Austen）的
《傲慢與偏見》（*Pride and Prejudice*）於
1813 年出版

 戰役：1815 年，威靈頓公爵（Duke
of Wellington）於滑鐵盧之役大敗拿
破崙，終結拿破崙政治生涯

 傷亡：1819 年，在彼得盧屠殺事件
（Peterloo Massacre）中，共 15 名示
威者遇害，有 400～700 人受傷

攝政王子

還是王子的喬治四世不得民
心，因為大眾厭惡他豪奢的生
活風格，不過在他的攝政期間，
藝文和時尚品味的發展欣欣向
榮。

珍·奧斯汀

珍·奧斯汀的小說對攝政時期
生活和禮節有著鉅細靡遺的描
述，故事內容則使用真實題材
與想像力參半。

建築

約翰·納許（John Nash）兢兢
業業在攝政王子底下做事，於
倫敦市內的攝政公園、攝政街
和攝政運河一帶從事新開發案。

布萊頓 Brighton

建築師納許擁有「貴公子」稱
號（John "Beau" Nash），
他翻新攝政王子位在布萊頓小
漁村中的宅邸，將其改造成新
式的異國印度與中國風。攝
政王子對這座英王閣（Royal
Pavilion）相當滿意，並決定入
住這座時尚建築，將過去喜愛
的巴斯（Bath）舊城留給殘廢
和年邁的將領。

時尚

女性高腰服飾「帝
國式腰線」的造
型，能巧妙地搭配
貴公子布魯梅爾
（Beau Brummel）
推廣的絲質簡約線
條男裝。布魯梅爾
不使用假髮、男士
長禮服的設計，而
選用半長褲、燕尾
服和整潔不苟的招
牌領帶。

珍·奧斯汀的出版著作

- 《理性與感性》（Sense and
  Sensibility，1811 年）
- 《傲慢與偏見》（1813 年）
- 《曼斯菲爾德莊園》
  （Mansfield Park，1814 年）
- 《愛瑪》（Emma，1815 年）
- 《勸導》（Persuasion，
  1817 年）
- 《諾桑覺寺》（Northanger
  Abbey，1817 年）

泰晤士河的最後一次凍結
LAST FROST FAIR

1309 年至 1814 年期間，泰晤士河結凍了 23 次。
其中 5 次結冰時期，冰的厚度甚至足以讓民眾在上頭舉辦盛大的傳統冰凍博覽會。

時間：1814 年 2 月 1 日

活動：冰凍博覽會

地點：英格蘭倫敦的泰晤士河

持續時間：4 日

冰凍的歐洲

小冰河時期的時間跨幅未定，多數人認為驟降的低溫是在 16 至 19 世紀間襲擊北歐全境。

河川結冰的原因是？

正常情況下，倫敦橋狹窄的拱形會產生水車旋轉效應，但凍寒冰塊順流而下後卡於橋墩梁柱之間，形成堰塞結構。

宴會與歡慶

船夫宣布冰層安全後，小販就會迅速擺設攤位，倫敦居民也湧入河區參與數天的宴會、浪蕩和狂歡活動。

1800 年代的「到此一遊」紀念品

10 台冰上印刷機，在現場以六便士的售價製作上頭印著與會者姓名、日期和活動的紀念卡。

菜單

薑餅
熱蘋果
蜜餞和糖飴
琴酒
拉普蘭羊肉（一片要價 1 先令的普通羊肉）
「好酒：永恆的威靈頓」
（Wellington For Ever: Good Ale）

紀念品

- 書和玩具
- 小擺設品
- 珠寶
- 杯子與壺器

黑暗面

扒手、騙徒、娼妓和賭博業者從沉浸於冰天雪地世界中的痴迷人士身上大撈一筆。還有眾多倫敦人，特別是窮人，凍死、餓死或是跌下薄冰。

為何泰晤士河不再結凍？

約翰・蘭尼（John Rennie）新造的倫敦橋在 1831 年竣工，這時寬拱數量減少，讓泰晤士河的河水能維持流動。約瑟夫・巴澤爾傑特（Joseph Bazalgette）更在 1826 年強化橋梁，限縮河流範圍，使河道更窄而深。

娛樂活動和表演

- 雜耍
- 踩高蹺
- 吞劍人
- 音樂家
- 演員
- 特技員
- 以狗鬥牛戲
- 九瓶制保齡球
- 補獵狐狸
- 跳舞
- 保齡球
- 溜冰
- 賭博
- 大象展示

滑鐵盧之役
BATTLE OF WATERLOO

歷經 20 餘年血腥衝突後，拿破崙和威靈頓領軍的雙方兵力終於交戰，但兩大將領並未碰頭。

📅 時間：1815 年 6 月 18 日

📍 地點：比利時的滑鐵盧

⚔️ 參戰方：英荷聯軍、普魯士軍 VS 法國帝國守衛軍

✖️ 結果：英軍勝利，1815 年 7 月 7 日聯軍進駐巴黎

事件背景

雖然拿破崙在特拉法加海戰中落敗，他退位前仍持續攻占歐洲多處。在他 1815 年重返巴黎時，英國、普魯士、俄羅斯和奧地利向法國宣戰。

野火燒不盡

6 月 16 日，拿破崙在林尼（Ligny）打敗普魯士軍隊。但他不知道，即使普魯士暫且撤退，戰力仍不容小覷。威靈頓正要拿下四臂村（Quatre Bras）之際，退至滑鐵盧村，採取守勢以等待和普魯士軍匯合。

致命錯誤

拿破崙擔心泥濘地會影響進程，因此延後進攻時機，使得布呂歇爾元帥（Marshal Blücher）麾下的普魯士軍隊有機會增援聯軍。

兩巨頭

拿破崙和威靈頓同年且都功勳彪炳，兩人可說是不分軒輊，對彼此既懷恨在心，卻又同時抱持敬重。

傷亡數

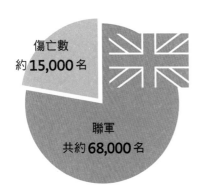

傷亡數 約 15,000 名

聯軍 共約 68,000 名

傷亡數 約 8,000 名

普魯士軍 共約 45,000 名

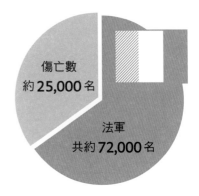

傷亡數 約 25,000 名

法軍 共約 72,000 名

《科學怪人》誕生
THE BIRTH OF *FRANKENSTEIN*

拜倫勳爵（Lord Byron）在日內瓦湖畔（Lake Geneva）避暑期間，向好友提議一同創作恐怖故事。年輕的瑪麗・雪萊（Mary Shelley）起初沒有靈感，但憶及旅遊看過的某座城堡，於是怪人角色於焉而生。

時間軸

- **1797 年 8 月 30 日**：瑪麗出生。
- **1816 年**：瑪麗・雪萊在經歷一次「清醒夢」後，寫下短篇故事。
- **1818 年**：出版商拉辛頓（Lackington）出版《科學怪人：現代普羅米修斯》（Frankenstein; or The Modern Prometheus）一書。
- **1823 年**：首場改編舞台劇演出。
- **1831 年**：首部盛行著作版本發行。
- **1851 年**：瑪麗逝世。
- **1910 年**：首場《科學怪人》電影上映，由賽爾・道雷（J. Searle Dawley）執導。
- **1931 年**：鮑里斯・卡洛夫（Boris Karloff）飾演科學怪人。

瑪麗的母親瑪麗・沃斯通克拉夫特（Mary Wollstonecraft）著有《為女權辯護：關於政治及道德問題的批判》（*A Vindication of the Rights of Woman*），父親是哲學家威廉・戈德溫（William Godwin）。她在 16 歲時與已婚詩人珀西・比希・雪萊（Percy Bysshe Shelley）私奔，赴歐洲以避免他人非議。

恐怖故事翻改

《科學怪人》電影問世後，不久即出現改編作品。近年的致敬之作包含《洛基恐怖秀》（*The Rocky Horror Picture Show*）、《科學怪犬》（*Frankenweenie*）和《新科學怪人》（*Young Frankenstein*）。

科學靈感

瑪麗在創造她筆下的瘋狂科學家時，憶起了路易吉・伽伐尼（Luigi Galvani）和喬凡尼・阿爾蒂尼（Giovanni Aldini）的「動物電擊實驗」，也就是將導電棒接至動物屍體。

出自女性之手

起初眾人以為《科學怪人》是珀西・雪萊所作，在發現此著作是來自女性之筆後，便將其降格為「羅曼史小說」之流。

《科學怪人》初版印刷本數為 **500 本**

哥德式恐怖

哥德式風潮帶來融合藝術、建築和文學的浪漫氛圍。19 世紀早期，珍・奧斯汀就在其著作《諾桑覺寺》裡譏諷此類型的作品，但瑪麗・雪萊證明哥德式仍可令人震顫。

大鐵道時代
RAILWAY AGE

蒸氣動力車問世，興起一場運輸革命。數千英哩長的鐵軌幾乎連通各城市、小鎮和村莊，使得英國鄉村完全改觀。

時間軸

- 1804 年：理查·特里維西克（Richard Trevithick）在鐵軌上運行蒸氣火車頭。
- 1812 年：首輛蒸氣鐵道火車運輸煤炭。
- 1825 年：斯托克頓-達靈頓鐵道成為首座載客鐵道，以喬治·史蒂文生（George Stephenson）研發的火車頭拉動。
- 1829 年：史蒂文生的「火箭號」在雨山試車選拔賽中拔得頭籌。
- 1830 年：利物浦和曼徹斯特鐵路預示了後續鋪設鐵路的風潮。
- 1836 年：倫敦的第一座鐵道於柏蒙德賽（Bermondsey）及德普特福（Deptford）啟用。
- 1837 年：倫敦-伯明罕路線成為首條長程鐵道線。
- 1841 年：湯瑪士·庫克（Thomas Cook）營運首家火車旅行社。
- 1847 年：各鐵道採用格林威治標準時間。
- 1863 年：首座地下鐵道於倫敦的法靈頓街（Farringdon Street）和主教路（Bishop's Road）之間通行。
- 1892 年：採用標準軌距。

實驗

首輛載客火車實驗號（Experiment），於斯托克頓-達靈頓鐵道（Stockton and Darlington）上，由動力一號（Locomotion No.1）拉動。

易腐食品運送所需時間，從數日縮至數小時，從此新鮮食材可從產地送往各城市。

鐵道時間

長程鐵道普及後，各地時間標準化，以保時程精確。

軌距問題

要是連通城市間的鐵道由不同公司建造，不同地段的軌道寬度（軌距）可能有差異，而使得同輛火車無法行駛全程。乘客和貨物必須要重新上下車以轉搭另一輛火車。

假期與行旅

民眾可以搭乘火車到海邊一日遊。1871 年起，除了原本的聖誕節、聖週五和週日（傳統上的安息日）之外，英政府另新增 4 天完全支薪的國定假日，讓數百萬人休假。

36 節	15,000 名	每小時 24 英哩	650,000 名	272 個
1825 年 9 月 27 日，動力號拉動的車廂數。	雨山試車選拔賽的觀眾數。	史帝文森的火箭號（Rocket）最高時速。	倫敦-格林威治鐵道於 15 個月間累積的乘客搭乘數。	1846 年，鐵道線規劃相關的議會法案數。

1833 年廢奴法案
SLAVERY ABOLITION ACT 1833

英國終結奴役的運動道阻且長,因為太多人能從中賺取暴利,而不願意為了奉行德義而斷去財路。

時間軸

- **1562 年**:約翰·霍金斯(John Hawkins)展開目前所知最早的非洲販奴之行。

- **1772 年**:法庭裁決,奴隸一旦抵達英國,就不能夠強行遣送回殖民地。

- **1790 年**:首次廢奴提案未獲准。

- **1792 年**:第二次廢奴提案未獲准。

- **1794 年**:法國廢止奴隸制度。

- **1804 年**:海地爆發奴隸革命,首個黑人國家於非洲以外的區域建立。

- **1807 年**:廢除奴隸貿易,但奴隸制度未停止。

- **1833 年**:〈廢奴法案〉通過。

販奴三角

三角地帶的船隻出入港向來滿載……

英國往非洲
載去紡織布料和朗姆酒,再從此地接運奴隸。

美洲往英國
載運糖、菸草和棉花。

非洲往美洲
載運奴隸。

奧拉達·艾奎亞諾
Olaudah Equiano

生於 1745 年,卒於 1797 年

艾奎亞諾遭擄並載送至美洲,他暗中以金錢贖回自己的自由。他的自傳震驚了倫敦社會。

格蘭菲爾·夏普
Granville Sharp

生於 1735 年,卒於 1813 年

夏普結識的奴隸好友曾遭主人毒打,他從此為從加勒比海販售至倫敦的奴隸爭取權利。

威廉·威伯福斯
William Wilberforce

生於 1759 年,卒於 1833 年

改信福音派基督教,使這名約克郡議員對抗奴隸制度 18 年。

伊莉莎白·海瑞克
Elizabeth Heyrick

生於 1769 年,卒於 1831 年

海瑞克是廢奴派的女性領袖,在列斯特籌組蔗糖抵制活動。

奴隸制度相關數據

約 10,000 次

從霍金斯首次出航到奴隸貿易終止的 245 年間,英國航行至非洲的次數。期間奴役了將近 340 萬人。

1,200 萬名
歐洲貿易商運輸至美洲的人口數。

80,000 名
每年受運送的非洲總人數中……

……其中 42,000 名
由英國船隻載運的人數。

達爾文加入小獵犬號第二次出航
SECOND VOYAGE OF THE *BEAGLE*

查爾斯·達爾文（Charles Darwin）航行過程一度嚴重不適，
但他的研究和加入大英皇家（HMS）海軍調查艇小獵犬號之行，一改世人的世界觀。

船舶：英國皇家「小獵犬號」

任務：環行地球、測量緯度

航期：1831年至1836年

艦長：海軍參謀羅伯特·斐茲洛伊
（Lieutenant Robert Fitzroy）

船員：68名

自然觀察學者：正值22歲的達爾文

小獵犬號航程

達爾文的航程紀事於1839年出刊成書。

1831年12月27日

「小獵犬號」從英格蘭的普利茅斯（Plymouth）啟程。

1832年

到了聖地牙哥（Santiago）後，達爾文在一處海拔45英呎的崖面觀測到貝類層，不禁思索：要歷經多久的時間才能讓貝類移動到此處？

抵達巴塔哥尼亞（Patagonia）後，達爾文花了數週時間蒐集化石。

1833年

達爾文察覺，福克蘭群島（Falkland Islands）的化石跟先前發掘的化石並不相同，於是讓他好奇植物和動物如何適應各式環境。

達爾文在旁塔阿爾塔（Punta Alta）看見岩層裡嵌入的骨骸，推論此生物至少已死亡數千年。

穿越巴拉那河（Rio Parana）後，達爾文看見與歐洲動物相似的生物，此現象與上帝依環境創造專屬物種的觀點相牴觸。

1834年

達爾文開始認為，地球一定在不斷變遷，而不是由上帝在單一一個絕佳時機創造而出。

達爾文返程也載運了：

· **80種**鳥類物種
· **20隻**四足動物
· **4桶**動物皮和植物

1835年

達爾文在比亞維森西奧（Villavicencio）看見海平面下6,000英呎的海下岩漿流，領悟到地球年代勢必比聖經描述的更古老。

1836年

達爾文目睹澳洲當地動物的奇特性，認定這些動物一定是被分開「創造」的。

10月2日，「小獵犬號」停泊至法茅斯（Falmouth）。

雀鳥

達爾文在加拉巴哥群島（Galapagos Islands）發現多種雀鳥，感到相當入迷，日後也做了不少這些雀鳥的相關研究。

帝國之治：維多利亞女王
REIGN OF QUEEN VICTORIA

維多利亞在公主時期的生活孤立，且受到強勢母親的控制。
她成為女王後，破除打壓手段，成為自立的女性，也成為大英歷史上統治時長數一數二的女王。

誕生日：1819年5月24日

登基日：1838年6月28日

結婚日：1840年2月10日，配偶為薩克森-科堡-哥達的阿爾伯特（Albert of Saxe-Coburg and Gotha）

喪偶日：1861年12月14日

成為印度女王：1876年5月1日

逝世日：1901年1月22日

皇家婚約

維多利亞深深戀上表弟阿爾伯特。因為自己身分是君王，所以必須主動提親。

黑衣寡婦

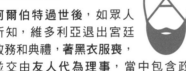

阿爾伯特過世後，如眾人所知，維多利亞退出宮廷政務和典禮，著黑衣服喪，並交由友人代為理事，當中包含政治人物班傑明·迪斯雷利（Benjamin Disraeli）、蘇格蘭侍者約翰·布朗（John Brown）以及24歲的印度僕從阿卜杜勒·卡里姆（Abdul Karim）。

克里米亞戰爭 Crimean War

1853年至1856年

1854年，大英帝國、法國、薩丁尼亞（Sardinia）加入土耳其陣線，浴血對抗俄羅斯帝國擴張，並在克里米亞半島上進行激戰。

大英帝國

英國在16世紀伊莉莎白一世統治下開始擴張，到了19世紀，大英帝國版圖涵蓋了全世界面積逾五分之一，統治人口則占全世界四分之一以上。

國母

即使貴為女王，維多利亞仍肩負生兒育女的職責。她有9名子女，其中好幾人與歐洲大國的王室聯姻。

37名

維多利亞辭世時，孫子女的人數。

狄更斯的聖誕節大改造
CHARLES DICKENS REINVENTS CHRISTMAS

喬治國王統治時期，中世紀的聖誕盛會規模縮減到只有一日，且通常只有「鄉野人」會慶祝。
查爾斯・狄更斯無法接受，
他以短短六週時間寫成「小小聖誕頌歌」（little carol），從此改變了整個國家的吝嗇風氣。

慶典次序

1840 年：維多利亞女王和阿爾伯特親王結縭。

1843 年：《小氣財神》（*A Christmas Carol*）於聖誕節前一週出版。

1843 年：印製第一張聖誕賀卡。

1848 年：《倫敦新聞畫報》（*The Illustrated London News*）刊出皇家圍繞著聖誕樹玩樂的畫面。

1848 年：湯姆・史密斯（Tom Smith）發明聖誕拉炮。

1840 年代起：鐵道運輸使得火雞降價。

不上不下

1843 年，「國際巨星」狄更斯生活艱困。他要繳房貸，且第 5 個小孩即將誕生，正需要推出熱銷作品。

6,000 本
《小氣財神》在數日之內發行的數量。

5 先令
此書原售價

鬼故事寫手

狄更斯希望能夠用大家願意買單的方式突顯出他在旅途中見到的貧窮問題，於是他用歷來受人愛戴的冬至鬼故事傳統來創作《小氣財神》。

陌生的慶祝方式

狄更斯描述的懷舊慶祝方式，其實對多數世人相當陌生。工業革命終結了聖誕節慶的 12 日假期，剩下的假日只空有形式。但是，讀者非常喜愛狄更斯描述的意象，於是紛紛決定仿效。

第一場世界博覽會
GREAT EXHIBITION

1851 年，維多利亞女王的王夫阿爾伯特，總管著大英帝國展示一切精湛事物的活動。
此展驗證了未來一連串開創性世界博覽會的藍圖。

萬國工業博覽會

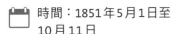 時間：1851年5月1日至10月11日

📍 地點：倫敦的海德公園（Hyde Park）

🎫 參觀者：超過 6 百萬名，上至貴族，下至工廠人員

🪙 入場費：男士每名 3 英鎊，女士每名 2 英鎊；自 5 月 24 日起，民眾可以 1 先令票價入場

💰 盈利：186,000 英鎊（換算為今日的 2,550 萬英鎊／3,320 萬美元）

⚔️ 結果：營收利潤用以建造南肯辛頓（South Kensington）的各間文化場館，又名「阿爾伯特大城」（Albertopolis）

舉辦原因？

阿爾伯特想慶祝英國和平、製造業蓬勃發展，並且在全世界的領土幅員廣大。

水晶宮 Crystal Palace

水晶宮由約瑟夫·帕克斯頓（Joseph Paxton）所設計，並由福克斯與亨德森公司（Fox & Henderson）以鐵和玻璃打造而成，儼然如一座巨型溫室。筒狀拱頂的十字翼殿經過改建以容納原地的 3 棵榆樹。

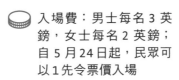

展示物

展覽顯現出世界各地工程、科學和藝術方面的高超技藝，但仍以大英帝國的屬國為主。包含：

- 折疊式鋼琴
- 舊式腳踏車
- 象牙王座
- 美國老鷹雕像
- 收割機
- 賽佛爾（Sèvres）瓷器
- 配有 80 枚刀片的刀具
- 哥薩克（Cossack）盔甲
- 瑞士鐘表
- 光之山鑽石
- 小貓標本填充玩偶茶聚場景
- 蒸氣鎚

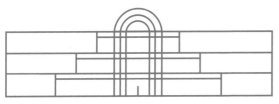

重複使用

展覽結束後，水晶宮遷至倫敦南部的至西德納姆（Sydenham），參訪人數眾多，但最後在 1936 年因火災燒毀。

長 1,848 英呎
寬 408 英呎

2 座塔

1850 年 12 月為止，動用工人 2,000 名

1,000 根 鐵製欄柱

4,000 噸 鐵

玻璃總面積 900,000 平方英呎

美國南北戰爭
AMERICAN CIVIL WAR

美國南方 7 個擁有奴工的州，認為林肯（Lincoln）總統將會終結奴隸制度（結果確實如此），
於是脫離美國聯邦，此舉開啟後續一連串的慘烈事件。

📅 **時間**：1861 年至 1865 年　　🔫 **參戰方**：北方聯邦州、南方邦聯州

📍 **地點**：兩大派別間的「邊界州」為主　　❌ **結果**：美國統一，終結奴隸制度

時間軸

1860 年
11 月 6 日：林肯當選總統。

12 月 20 日：北卡羅萊納州率先脫離聯邦。

1861 年
1 月／2 月：另外 6 個州脫離聯邦。

3 月 4 日：林肯呼籲和平，但同時告誡必保留聯邦體制。

4 月 12 日：第一發槍炮聲於桑特堡（Fort Sumter）響起。

4 ／ 5 月：維吉尼亞州、阿肯色州、田納西州、北卡羅萊納州相繼脫離聯邦。

7 月 21 日：牛奔河（Bull Run）爆發第一場重大戰役。

1863 年
1 月 1 日：〈解放奴隸宣言〉（Emancipation Proclamation）宣告所有奴隸自由。

7 月 1 日至 7 月 3 日：蓋茨堡之役（Battle of Gettysburg）；羅伯特・李（Robert E. Lee）將軍攻占賓州行動受阻。

7 月 4 日：尤利西斯・格蘭特（Ulysses S. Grant）在維克斯堡圍城戰（Siege of Vicksburg）中分散邦聯軍勢力。

11 月 19 日：林肯發表〈蓋茲堡演說〉（Gettysburg Address），奮力呼求團結一心。

1864 年
9 月 2 日：邦聯要塞阿肯色州受攻占。

1865 年
4 月 9 日：李將軍在阿波馬托克斯郡府（Appomattox Court House）投降。

12 月 18 日：〈憲法第十三條修正案〉通過，廢除全美的奴隸制度。

戰爭起因為何？

北方諸州認定脫離之舉違憲。林肯全力為含奴隸在內的所有人爭取自由，他要光復聯邦，必要時不排除動用武力。

科技

雙方都充分使用現代科技，包含鐵甲艦與潛水艇、電報和鐵道、高科技地雷、熱氣球、病菌戰和攝影技術

南北戰爭中，估計死亡人數 **620,000 名**

亞伯拉罕・林肯遇刺
ASSASSINATION OF ABRAHAM LINCOLN

亞伯拉罕・林肯在 1861 年至 1865 年的南北戰爭中獲得勝利，也使得眾多南方民眾對他深惡痛絕，他因此成為首名遭暗殺的美國總統。

時間軸

- 3 月
  布思展開刺殺總統的密謀。

- 4 月 14 日：林肯於華盛頓特區的福特劇院（Ford's Theatre）遭槍擊。

- 林肯身中致命傷，被送至附近房舍。兇手布思和共犯大衛・赫羅爾德（David Herold）逃往馬里蘭州。

- 4 月 15 日：總統死於上午 7 點 22 分；布思逃亡過程中受傷，停下來固定骨折的腿。

- 4 月 26 日：布思和赫羅爾德行蹤被發現；布思遭射殺，赫羅爾德受捕。

- 5 月 4 日：林肯受安葬。

- 7 月 7 日：謀殺案中 4 名共犯受絞刑。

林肯

生於 1809 年 2 月 12 日

林肯在 1861 年當選美國第 16 任總統。他經歷過含辛茹苦的生活，特別難容不公義之事。他大力提倡解放奴隸，也告誡想叛變的南方諸州，脫離美國聯邦會引起內戰爆發，並認為這是違法之舉。他在 1864 年再度當選而連任時，試圖和南方講和，但有些人認為無可諒解。

約翰・威爾克斯・布思
John Wilkes Booth

知名演員布思堅信林肯是造成南方之亂的禍首。他以為這次行動能讓自己被奉為英雄，但結果卻不然。

《我們的美國兄弟》
Our American Cousin

演出這部叫好又叫座的喜劇時，布思對所有橋段瞭然於心。他算準觀眾哄堂大笑的時機來掩蓋槍聲。

美國橫貫大陸鐵路
TRANSCONTINENTAL RAILROAD

在掏金熱潮的推波助瀾之下，兩大公司競相完成第一座跨國鐵道，
使得向西部拓展的競賽在 1860 年代達到最高峰。

時間軸

- 1830年：美國第一部蒸氣火車頭。

- 1845年：阿沙·惠特尼（Asa Whitney）提請美國國會資助東西橫貫鐵道遭拒。

- 1849年：發現金礦使得眾多人口遷往西部。

- 1860年：工程師西奧多·朱達（Theodore Judah）建議從唐納隘口（Donner Pass）穿越內華達山脈。

- 1861年：中央太平洋鐵路公司成立。

- 1862年：〈太平洋鐵路公司法案〉（Pacific Railroad Act）授權中央太平洋公司和聯合太平洋鐵路公司連通美國東西部。

- 1863年：兩間公司開始動工，但聯合公司的工程延緩至美國南北戰爭結束才繼續。

- 1869年：兩段鐵道於5月10日在猶他州的婆曼陀利角（Promontory）銜接。

競賽

法案明訂中央太平洋鐵路公司（Central Pacific Railroad Company）從加州的沙加緬度（Sacramento）開始建造，往東穿越內華達山脈（Sierra Nevada）。另一方的聯合太平洋鐵路公司（Union Pacific Railroad Company）則從密蘇里河（Missouri River）朝西方興建。法案未指明雙方的交接點。

為了要鼓勵建造加速，政府承諾每建造一英哩鐵道，就用公債提供 6,400 英畝的土地和 48,000 美金（等同今日 1 百萬美金）的經費。兩間公司為了盡可能多爭取建造成果，在工程中敷衍了事且放低安全標準。

抗拒勢力

美國原住民，特別是蘇族（Sioux）、夏延族（Cheyenne）和阿拉帕霍人（Arapaho），認為受形勢所逼才只好對設施發起攻擊。

勞力

兩間公司都遇到勞力不足的問題。西部地區募集約 14,000 名中國工人，東部勞工則以愛爾蘭移民為主。

西行之路

尚未有鐵道之前，旅人必須要翻越山嶽、平野、河川和沙漠，橫渡智利的合恩角（Cape Horn）或是穿越巴拿馬地峽。

橫跨東西之旅

1,000 美金

1869年前所需花費（等同今日的 18,000 美金）。

150 美金

1869年後所需花費（等同今日的 2,800 美金）。

9,000 英哩

至 1850 年為止，密蘇里河東側鐵道總計長度，再往東則無鐵道設施。

巴斯德消毒法

LOUIS PASTEUR AND THE FIGHT AGAINST GERMS

路易·巴斯德在青少年時期就熱愛化學，而他三個孩子的過世，則促使他對疾病宣戰。

時間軸

- 1822年12月27日：出生於法國的多勒城（Dole）。
- 1847年：獲頒博士學位。
- 1849年：結婚，其後產下5名子女，但其中3人先後死於傷寒。
- 1862年：發明巴斯德消毒法。
- 1885年：主持首批疫苗施打。
- 1888年：建立巴斯德研究機構。
- 1895年9月28日：於法國的馬爾訥拉科凱特（Marnes-la-Coquette）逝世。

病菌理論

在巴斯德之前的人就知道微生物的存在，但大眾以為微生物是自發產生。巴斯德證實所謂細菌，或說他所稱的「病菌」是來自於其他生命體的活體生物。

腐敗

巴斯德開始觀察黴菌和病菌對奶類、酒類等易腐食物起的發酵作用。他發現高溫可以殺死多數菌種，並發明一道消毒程序，現今稱為「巴斯德消毒法」（pasteurization）。

疾病殺手

巴斯德察覺到有種摧毀蠶體的疾病屬於細菌性。他消滅這種蠶病細菌，挽救了法國的蠶絲業。這也讓他開始思索是否病菌也是人類疾病的肇因。

手術精神

拜巴斯德所賜，手術儀器會經過煮沸處理，大幅降低手術台上的死亡事件。

疫苗

巴斯德構思了一個辦法，也就是讓健康動物接觸已被削弱力量的疾病，來促進動物體內製造抗體，因此對真正的疾病免疫。

1881年5月5日，他幫24隻健康綿羊、1隻山羊和6頭牛接種炭疽病疫苗。另外一組同樣數目的動物則未接種。

5月31日當天，他讓總共62隻動物都接觸炭疽。過了兩天，控制組所有動物都死亡或是奄奄一息，而打過疫苗的動物全數存活下來。

巴斯德改以人類為對象，治癒了遭患有狂犬病的狗咬傷的9歲病童約瑟夫·梅斯特（Joseph Meister）。

人類社會迄今仍廣泛使用巴氏滅菌法，疫苗也繼續挽救數百萬人的性命。

共產主義之父馬克思

KARL MARX

大眾將卡爾・馬克思稱為「共產主義之父」。
20 世紀時，他所發展出的理論在數個國家中實行，包含蘇維埃聯邦和中華人民共和國。

時間軸

- **1818 年**：出生於德國的特里爾（Trier）。

- **1835 年**：開始修習法律。

- **1841 年**：獲頒耶拿大學（University of Jena）博士學位。

- **1843 年**：遷居至巴黎，成為革命派共產黨人士。

- **1844 年**：開始和恩格斯合作。

- **1848 年**：《共產黨宣言》出版。

- **1849 年**：遷居至倫敦。

- **1867 年**：《資本論》出版。

- **1883 年**：逝世後葬於海格特公墓（Highgate Cemetery）。

馬克思的父親深受啟蒙運動影響。馬克思誕生於猶太教傳統環境中，雖然他接受過基督教受洗，但見識到宗教對於偏見與歧視所扮演的角色，也目睹**資本主義體制對工人造成的苦痛**，於是一心想追求社會正義。

影響馬克思的重要人物

格奧爾格・黑格爾 Georg Hegel
生於 1770 年，卒於 1831 年

黑格爾認為歷史是線性的，會先經歷一連串的試煉後，才能獲取自由。

路德維希 費爾巴赫 Ludwig Feuerbach
生於 1804 年，卒於 1872 年

費爾巴赫認為宗教是人類內心有限存有的某種意識，意即神其實是人類本性的投射。

弗里德里希・恩格斯 Friedrich Engels
生於 1820 年，卒於 1895 年

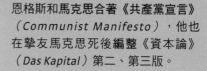

恩格斯和馬克思合著《共產黨宣言》（*Communist Manifesto*），他也在摯友馬克思死後**編整**《資本論》（*Das Kapital*）第二、第三版。

共產主義

馬克思認為，**私有財產是階級困境的產物**，廢止私有財產能**轉變人性**，在個人和群體之間找到折衷，以及在物品和服務的製造與分配上，應顧及全體利益，並由全體共享。

自由

馬克思主張，資本社會內最有價值的商品就是自由，尤其是出賣勞力的自由。恩格斯針對這點的說明是：要有真正消弭階級的社會來服務全人類。

第一屆現代奧林匹克運動會

1896 SUMMER OLYMPIC GAMES

1894 年，皮埃爾・德・顧拜旦男爵（Baron Pierre de Coubertin）召開會議，
決定要在奧林匹克運動會發源地雅典舉辦大型運動競技比賽。

時間：1896 年 4 月 6 日至 4 月 15 日

地點：希臘的雅典

參賽國：14 國

競賽數：43 項

結果：極為成功，至今每 4 年仍繼續舉辦奧運會

241 名
男選手

0 名
女選手

0 名
帕林匹克殘疾人
運動會選手

第一日觀賽人數
60,000 人

馬拉松觀賽人數
100,000 人

歷史悠久的競賽

一般認為首屆奧運起源自西元前 776 年，由希臘城邦或殖民地的年輕男子用雙腳競速。競賽項目逐漸增加，直到西元 993 年時停賽為止。獲勝者能得到橄欖枝和全國榮譽。現代競賽的獲勝選手也會獲頒橄欖枝，外加銀製獎牌。

帕那辛奈克體育場

（Panathenaic Stadium）

這座古老的體育場最初興建於西元前 330 年，後來以白色大理石裝修。

現代奧運 首名獎牌得主

美國的詹姆斯・康諾里（James Connolly）在現代奧運第一場比賽項目三級跳中勝出，成為現代的首名奧運冠軍。

游泳

匈牙利籍的阿爾弗雷德・哈約什（Alfréd Hajós）在 100 公尺泳賽中名列第一。在 1,200 公尺的項目中，游泳選手要先搭乘船隻到達特定距離，再開始游回岸邊。哈約什也在該項目中奪冠。

馬拉松

新式比賽項目的馬拉松，路線採用傳統認定的古希臘跑者菲迪皮德斯（Pheidippides）所經過的路途。他在西元前 490 年把在馬拉松（Marathon）一地的勝利捷報傳到雅典。現代馬拉松競賽中拿下冠軍的斯皮里宗・路易斯（Spyridon Louis）也是希臘選手，對希臘人而言意義非凡。

競賽項目包含

- 田徑　　・單車　　・游泳
- 擊劍　　・角力　　・射擊
- 網球

獎牌表

美國
11 名冠軍

希臘
10 名冠軍

德國
6 名冠軍

日本幕府終結
END OF THE SHOGUNS

14 歲的皇太子睦仁登基為第 122 任日本天皇，並結束了 200 年來的孤立鎖國以及幕府統治時期。

時間軸

1192 年：日本天皇欽賜軍事統領源賴朝「征夷大將軍」封號。

1333 年：足利尊氏開啟第 2 個幕府政權，並將京都建造為帝都。

1603 年：大權在握的德川氏被任命為將軍，在江戶城統治日本。

1853 年：美國海軍准將馬修‧培理（Matthew Perry）率領巡防艦和 1,500 名士兵叩關，迫使日本與美國貿易，其後大英帝國、俄羅斯及法國也相繼如法炮製。

1867 年：皇太子睦仁即位，成為日本明治天皇。

1868 年：一群武士策畫戊辰戰爭，以武力政變推翻幕府的高壓統治。明治天皇遷至江戶，並將此城改名為東京。

事件背景

日本的武士階級，起初是各藩治下的戰士，受雇來護衛有心爭霸天下的領主。勝出者將軍事首領封為「將軍」

將軍逐漸掌握實權，讓天皇的權力架空，徒留天子名義。有時候，權勢會在敵對的各「大名」（封建領主）家族之間流轉，直到德川氏一族主掌權力。

鎖國政策

德川氏憂心遭歐洲殖民，於是實行完全對外封閉的「鎖國政策」。

《五條御誓文》

第 1 次明治維新開始讓封建體制結束，並迎接來自歐洲的思潮。官員起草憲章，日本也開始建造軍隊，目標是要稱霸東方。

明治

新政權年號的命名，取自《易經‧說卦傳》中的「向明而治」之義。

世界第一座國家公園
YELLOWSTONE NATIONAL PARK

19 世紀，美國有條政策規定：新「發現」的公有土地可轉為私有財產，
但黃石一處的雄渾美景說服了國會，有些事物正因為太過重要，而不應該開發。

時間軸

● **1870 年以前**：美國原住民居住在黃石地區至少 11,000 年以上。

● **1870 年**：探索家感受到黃石一地絕美的自然景色。

● **1871 年**：華盛頓州引用〈1864 年優勝美地法案〉（Yosemite Act of 1864）為保存優勝美地峽谷而禁止拓墾的前例，宣讀〈公園議案〉（Park Bill）。

● **1872 年**：經尤利西斯‧格蘭特（Ulysses S. Grant）總統簽署，〈黃石國家公園保護法案〉（Yellowstone National Park Protection Act）正式生效。

● **1891 年**：國家森林系統（National Forest System，NFS）設立，用以保育自然資源。

● **1916 年**：美國國家公園管理局（National Park Service，NPS）成立。

● **1918 年**：黃石出現第一批護林管理員。

遭逢困境

黃石一地範圍廣袤，許多遠在東方的人從未聽聞過。這地方有何過人之處，非得特別保存？

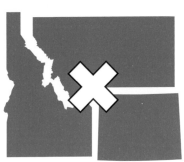

眼見為憑

威廉‧亨利‧傑克森（William Henry Jackson）拍攝的照片，外加藝術家托馬斯‧莫蘭（Thomas Moran）和亨利‧埃利奧特（Henry Elliott）筆下的畫作傳達出黃石地區的壯麗，引發大眾的想像力。

58 座
美國現今的
國家公園數

特別開例

黃石一地橫跨蒙大拿州、懷俄明州、愛達荷州三地，所以無法成為州立公園。國會提出大膽新計畫：成立國家公園。

1872 年法案禁止在特定區域內開墾、占有或是販售土地，將其排除於人類能享有的範圍。

競爭激烈

1832 年暫時落選的阿肯色州熱泉是美國最古老的自然保護地，保存著熱泉資源，後來在 1921 年也成為國家公園。

發明電燈
INVENTION OF THE LIGHT BULB

湯瑪士‧愛迪生（Thomas Edison）被廣譽為電燈的發明人，但功勞不該歸他一人所有。其實，愛迪生是受到其他數名先行者啟發，才開發出可用於每間住家的重要光源，並採取註冊專利的關鍵一步。

時間軸

- **1802年**：英國科學家漢弗里‧戴維（Humphry Davy，生於 1778 年，卒於1829 年），發明了第1個用電的燈泡，即電弧燈。

- **1840年**：英國科學家華倫‧德拉魯（Warren De la Rue，生於1815 年，卒於1889 年）在真空管中，將螺旋燈絲通電。

- **1850年**：英國科學家斯旺（生於1828年，卒於1914年）創造「燈泡」。

- **1874年**：加拿大電氣技師亨利‧伍德沃德（Henry Woodward）和馬修‧埃文斯（Matthew Evans）想將「電檯燈」商業化卻沒有成功。

- **1878年**：愛迪生買下專利，開始研究實際可行的電燈泡。

- **1880年**：愛迪生電燈公司（Edison Electric Light Company）推出第1個商用白熾燈泡。

- **1904年**：發明出鎢質燈絲。

- **1939年**：霓虹燈在舉辦於紐約的世界博覽會中展出。

首間以電力照明的房屋，是約瑟夫‧威爾森‧斯旺（Joseph Wilson Swan）在茲赫德（Gateshead）羅費爾（Low Fell）的居處。

首座以電燈照明的劇院是1881 年倫敦的薩伏依（Savoy）劇院。

愛迪生在美國註冊了 **1,093 項** 專利。

愛迪生的燈泡在 1879 年連續亮了 **13.5 小時**。

愛迪生改良式「竹」絲燈泡在 1880 年連續亮了 **1,200 小時**。

巴黎的「美好年代」
PARIS IN THE BELLE ÉPOQUE

法國所謂的「美好年代」期間大約始於 1871 年，終於 1914 年第一次世界大戰爆發之際。
就像英國的維多利亞、愛德華時期，或美國的鍍金時代，法國在這段期間從科學到藝術，
各方面都孕育出前所未有的復興之勢。

時間軸

- **1870 年至 1871 年**：普法戰爭（Franco-Prussian War）使得第二帝國（Second Empire）瓦解。
- **1871 年**：巴黎公社（Paris Commune）起義，巴黎多處造遭受火焚。
- **1871 年 5 月**：第三共和（Third Republic）宣布創立。
- **1872 年**：聖心堂（Basilica of Sacré Coeur）建設開始動工。
- **1874 年**：印象派畫家初次策展。
- **1875 年**：巴黎的加尼葉歌劇院（Opera Garnier，即巴黎歌劇院）開幕。
- **1881 年**：蒙馬特（Montmartre）的黑貓夜總會（Chat Noir）開業。
- **1889 年**：艾菲爾鐵塔（Eiffel Tower）落成。
- **1895 年**：藍帶國際廚藝學院開張。
- **1895 年**：盧米埃兄弟（Lumière brothers）放映幻燈片電影。
- **1898 年**：路易·雷諾（Louis Renault）製造出旗下品牌的第一輛汽車。
- **1900 年**：巴黎舉辦夏季奧運。
- **1903 年**：皮埃爾和瑪麗·居禮（Pierre and Marie Curie）夫婦在雷射方面的研究成果獲頒諾貝爾獎。
- **1909 年**：路易·布萊里奧（Louis Bleriot）飛越英吉利海峽。
- **1913 年**：伊果·史特拉汶斯基（Igor Stravinsky）的《春之祭》（Rite of Spring）首次演出。

藝術

巴黎在實驗式技法上有突飛猛進的進步，像是印象派的奧古斯特·雷諾瓦（Auguste Renoir）和克勞德·莫內（Claude Monet）、野獸派的亨利·馬蒂斯（Henri Matisse）、立體派的巴勃羅·畢卡索（Pablo Picasso）等人。雕刻家奧古斯特·羅丹（Auguste Rodin）也深具影響力。

建築

新藝術的綣曲、迴旋線條一方面體現於建築，像是貝朗榭公寓（Castel Beranger）和巴黎地鐵建築，另一方面也影響了裝飾設計，像是圖形藝術師阿封斯·慕夏（Alphonse Mucha）和玻璃設計師雷內·拉利克（René Lalique）的作品。

音樂與文學

除了古斯塔夫·福樓拜（Gustave Flaubert）、居伊·德·莫泊桑（Guy de Maupassant）、埃米爾·左拉（Émile Zola）和馬塞爾·普魯斯特（Marcel Proust）等作家之外，還有與之分庭抗禮的實驗式作曲家克洛德·德布西（Claude Debussy）和喬治·比才（Georges Bizet），其中比才創作的歌劇《卡門》（Carmen）當時受到傷風敗俗的譴責。

政治風波

國族主義者不滿德國併吞阿爾薩斯（Alsace）和洛林（Lorraine）地區，發起意圖消滅政府的炸彈攻擊和混亂事件，可見得美好年代也有不堪的一面。

芝加哥世界博覽會
CHICAGO WORLD'S FAIR

1890 年代時期，美國正值黃金年代。此時商業昌隆，鐵道將財富分發到各地，
每個城市都想主辦世界博覽會，芝加哥更是卯足全力。

 時間：1893 年

地點：芝加哥的傑克遜公園（Jackson Park）

📢 **官方名稱**：世界哥倫布紀念展覽會（World's Columbian Exposition）

 慶祝：哥倫布登陸美洲 400 週年

首席建築師：丹尼爾·伯恩罕（Daniel H. Burnham）

此博覽會展出 1890 年代一切新式與現代化的產物。格羅弗·克里夫蘭（Grover Cleveland）總統按下新發電機啟動鈕來點亮整座公園那一刻起，展覽熱鬧萬分。

參觀民眾首先會通過燈火通明的街道，面前迎來炒熱氣氛的攬客人員、音樂和人群。他們見識到新發明、表演和新的藝文時尚。眾多現場見到的景象將成為下一個世紀的經典。

白城

博覽會的重頭戲就是芝加哥用以回應倫敦水晶宮和巴黎艾菲爾鐵塔的成品——以新古典風格展覽廳構成的「城市」。

黑暗面

人稱「福爾摩斯醫師」（Dr. H. H. Holmes）的連續殺人犯赫爾曼·瑪吉特（Herman Mudgett）利用這場博覽會找下手對象，並掩蓋自己的犯罪行蹤。

世界博覽會中的新奇事物

- 電影
- 街燈
- 碳酸飲料
- 洗碗機
- 「異國風」世界音樂
- 黃箭口香糖

- 摩天輪
- 肚皮舞者
- 駱駝
- 麥片
- 拉鍊

這場博覽會向世界宣告美國的時代來臨。更重要的是，也讓美國人知道這一點。

世界博覽會相關數據

1,000 萬美金
芝加哥籌備作為主辦展覽的保證金。

25 美分
建築觀覽費。

686 英畝
場地面積。

14 座
以布雜藝術（Beaux Arts）風格打造的「宏偉建築」數目。

65,000 項
展覽項目。

7,000 席
餐廳容納座位數。

60 英呎
古典建築的統一高度。

2,700 萬至 2,800 萬
參觀人數。

100 萬美金
獲利金額。

約 25%
美國參觀此展覽的人口百分比。

猶太軍官德雷福斯冤案

DREYFUS AFFAIR

19 世紀中，一場看似微不足道的誤判事件，在法國引起一片反猶太聲浪，並埋下惡果，
使得後續問題如亂麻般一路蔓延至 20 世紀。

 德雷福斯的牢房面積為 **13 x 13 平方英呎**

時間軸

- **1894 年**：法國少校費迪南‧沃爾森‧埃斯特拉齊（Ferdinand Walsin Esterhazy）開始向德國販售軍事機密。

- **1895 年**：猶太裔的陸軍上尉德雷福斯被以間諜罪定罪，判處終身監禁，送往法屬圭亞那（French Guiana）惡魔島（Devil's Island）服刑。

- **1896 年**：證據指出埃斯特哈齊才是真正的叛徒，軍事法庭判他有罪，他逃出國外。

- **1898 年**：知名作家埃米爾‧左拉（Émile Zola）於《震旦報》上發表一封公開信，題為〈我控訴〉（J'Accuse），指控法國政府掩蓋事實。

- **1899 年**：德雷福斯再度受審，又一次被判有罪，但刑期減輕至 10 年；在群情激憤抗議下，法國總統將其特赦。

- **1906 年**：德雷福斯獲判無罪，取回官職並獲頒法國榮譽軍團勳章。

- **1995 年**：法國軍方公開洗刷德雷福斯冤名。

實情

法國情報單位竊聽到一則訊息，察覺自己人當中有間諜。和同夥的共犯偽造文書，把罪狀嫁禍於他人，起疑的對象指向一名來自阿爾薩斯（Alsace）的 35 歲猶太軍官，即以德文為母語的陸軍上尉阿弗雷德‧德雷福斯（Captain Alfred Dreyfus），在反猶太情節助長下，導致後續種種情事發生。

媒體公審

德雷福斯醜聞是媒體大肆報導的一項早期事件。反猶太的報社《自由言論》（La Libre Parole）與支持德雷福斯的報社《震旦報》（L'Aurore），雙方使用報紙為武器進行攻防戰。

大眾分裂成支持和反對德雷福斯兩派，雙方都有採取直接行動。超過 50 個城鎮出現反猶太暴亂，而德雷福斯派人士則要脅抵制巴黎即將舉辦的世界博覽會。

拔除官職之辱

德雷福斯受遣送前，先受到遊街處置並當眾褫奪官職。

揮之不去的陰霾

此次事件後患無窮。德雷福斯於 1935 年離世，但 5 年後，他的遺孀仍要躲藏行蹤以逃離納粹人士，孫女更被送至奧斯威辛（Auschwitz）集中營。

環遊世界競賽熱潮
AROUND THE WORLD WITH NELLIE BLY

朱爾・凡爾納（Jules Verne）虛構小說中的人物菲利亞斯・佛格（Phileas Fogg）以 80 天環遊世界。1889 年，出版業界互為敵手的兩間公司各派出一名女性，環遊速度竟樂勝此項記錄。

時間軸

1889 年 11 月 14 日，上午 9 點 40 分

伊莉莎白・畢斯蘭（Elizabeth Bisland）搭乘火車離開紐約市，往西行。

1890 年 1 月 30 日
畢斯蘭抵達紐約，較布萊晚了 4 日，但速度仍贏過佛格。

娜麗・布萊（Nellie Bly）搭乘蒸氣船從紐約啟程，往東行。

1890 年 1 月 25 日，下午 3 點 51 分
布萊回到紐澤西。

以「娜麗・布萊」為筆名的伊莉莎白・科克倫（Elizabeth Cochran）是美國早期的調查記者。她臥底進入一間血汗工廠，還有紐約惡名昭彰的布萊克威爾島（Blackwell Island）精神病院，並揭露不公平的離婚法規和墨西哥的政治腐敗弊案。

公眾宣傳

布萊是凡爾納 1873 年著作的書迷，她向《紐約世界報》的編輯提議要打破故事中的記錄。為了不讓他們專美於前，身為競爭對手的雜誌社《柯夢波丹》（Cosmopolitan）也趕緊召集旗下擁有無畏精神的探索員畢斯蘭，從另一個方向來環繞地球一周。

返程

《紐約世界報》（New York World）舉辦布萊返程時間點估計大賽來引起讀者關注。她用電報來傳送短訊。

小手段

《紐約世界報》抄了一點捷徑，他們派一部破記錄的「娜麗・布萊小姐專屬列車」，從舊金山一路駛往芝加哥，沿途不靠站。據聞《柯夢波丹》賄賂蒸氣火車列車長晚點離站來等畢斯蘭，但她還是沒趕上。

布萊的行李

- 外套
- 貼身衣物
- 盥洗用品
- 共值 200 英鎊的金幣和美元，置於繞頸袋子中

著作

1891 年，《飛快環遊世界》（A Flying Trip Around the World），伊莉莎白・畢斯蘭著。

1890 年，《環遊世界七十二天》（Around the World in Seventy-Two Days），娜麗・布萊著。

娜麗・布萊全程所花時間
72 日 6 小時 11 分鐘 14 秒

行經總長度
24,899 英哩

義和團之亂
BOXER REBELLION

1900 年，西方國家和日本對中國的影響節節攀升，
導致名為「義和團」的暴亂集團攻擊洋人和中國基督徒。

時間：1899 年至 1901 年

地點：中國山東省，後至北京

參戰方：暴亂份子、其後慈禧太后 VS 八國聯軍

傷亡：估計 100,000 人死於起義運動和戰爭，並引發反義和團行動

結果：歷經大量傷亡後，中國與其他八國簽訂和約

事件背景

當時統治中國的清代朝廷因 1839 年至 1842 年的鴉片戰爭，而遭削弱勢力。戰爭迫使中國與他國貿易。1899 年時，外交使節、傳教士和商人受攻擊的事件屢見不鮮。光緒皇帝對中國的現代革新操之過急，導致反彈聲浪。

秘密協會

義和團的主要成員是農民，因饑饉、旱災和洪水而集結。他們認為悲慘處境是洋人湧入所致。

成員修習武術和傳統道術。西方人以較貼近自己認知的詞彙「拳擊手」來描述這群人。

攻擊事件

1900 年，成員於山東一區大肆擊殺洋人並焚毀教堂。他們切斷鐵道，斷絕北京向外的聯繫，並且獲得握有實權的慈禧太后支持。

八國聯軍

想和中國貿易的八個國家組成聯盟，包含奧匈帝國、法國、德國、義大利、日本、俄羅斯、美國和大英帝國。最後終於恢復和平，但已付出慘痛代價。

發明汽車
INVENTION OF THE AUTOMOBILE

自古代開始，人類就憧憬自動車，連達文西也有過自走的設計構想。
眾人貢獻發想來實踐這個夢想，因此發明專利並不屬於單一一名發明家。

推動力早期發想

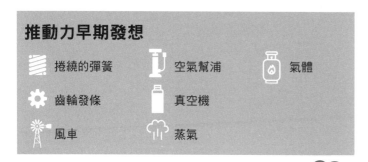

- 捲繞的彈簧
- 齒輪發條
- 風車
- 空氣幫浦
- 真空機
- 蒸氣
- 氣體

蒸氣

1769 年

法國的尼古拉-約瑟夫・居紐（Nicolas-Joseph Cugnot）發明了蒸氣三輪車，速度為 2.25 英哩／小時（mph）。18 和 19 世紀時，人類將蒸氣動能利用於輕型、個人用的蒸氣運送車，但實在過於笨重而不堪用。

1908 年時，亨利・福特（Henry Ford）製造出「福特 T 型車」（Model T）。這款車外觀不起眼、乘坐舒適感低、速度有限，且只有黑色一款，但兼顧了**實用性和成本考量**。他利用廠房的生產線，把原本 850 元美金的價格（約等於今日的 23,200 美元或 17,800 英鎊）壓低，因此 1925 年時每輛售價低於 300 美元（約等於今日的 4,300 美元或 3,300 英鎊）。

1913 年至 1927 年期間製造出了**超過 1,500 萬輛**福特 T 型車。

汽油燃料

內燃機用燃料點燃氧化物來製造爆炸衝力，藉以推動活塞或其他活動零件。汽油燃料和其他汽車元件一樣慢慢演變而來。1860 年，讓・約瑟・艾蒂安・雷諾（Jean Joseph Étienne Lenoir）將第一個商用的汽油產品註冊專利。他在 1863 年，建造出一輛以汽油驅動的三輪運送車。

卡爾・賓士（Karl Benz）於1885 年展示他建造的第一輛汽車。德國同業戈特利布・戴姆勒（Gottlieb Daimler）的設計車款於1886 年問世。

在歐美地區，現在有數十間公司和個體戶研發多種車款。

世界公認的第一輛現代汽車是 1901 年的梅賽德斯-賓士車，由戴姆勒發動機公司（Daimler Motoren Gesellschaft，DMG）所生產。同年，美國的蘭索姆・奧茲（Ransom E. Olds）以相對便宜的價格，650美元（約現今的 19,200 美元或 14,700 英鎊），製造出第一輛量產汽車，稱為「彎擋板奧茲汽車」（Curved Dash Oldsmobile）。

梅賽德斯-賓士 （Mercedes）		奧茲汽車 （Oldsmobile）
最高速：53mph 馬力：35 汽缸：4顆		最高速：20mph 馬力：3 汽缸：1顆

數百間公司開始設計車輛，希望能結合梅賽德斯-賓士車的效能和奧茲汽車的價格。

王爾德因同志身分受審
TRIAL OF OSCAR WILDE

置身於會把「不敢說出名字的愛」安上「猥褻」罪名的世界裡，
奧斯卡·王爾德以為能在誹謗罪官司中輕鬆勝訴，結果自己卻上了審判台。

1891年，這位負有盛名的愛爾蘭妙語之才、詩人和劇作家，與比自己小16歲的阿爾弗雷德·道格拉斯勛爵（Lord Alfred Douglas）邂逅。道格拉斯的父親，即握有權勢的昆斯伯里侯爵（Marquess of Queensberry），並不贊同兩人的秘密戀情。

2月18日：王爾德在他的俱樂部收到一封信，裡頭提到「矯情的雞姦人」。他不聽友人勸告，決定控告侯爵誹謗。

4月3日：審判開始，侯爵聘用私家偵探來證明他的罪狀。

1895年
多事之秋

4月6日：王爾德因猥褻罪名受拘捕。

4月26日：王爾德在眾人圍觀的法庭上訴請「無罪」。

5月25日：王爾德遭定罪，判處兩年禁錮和苦役。

王爾德牢房經歷

在新門辦完移交手續後，王爾德被送往本頓維爾（Pentonville）監獄和旺茲沃思（Wandsworth）監獄，最後在瑞丁監獄（Reading Gaol）服完刑期。

苦役

王爾德得了痢疾且營養不良，還要長時間踩滾輪和「拆解繩索」。

魯德門　　　　本頓維爾

旺茲沃思　　　　瑞丁

某種自由

1897 年王爾德獲釋。他精神抑鬱、健康欠佳且出現耳鳴，在 1900 年過世。

悲愴遺作

王爾德在法國流亡期間寫成《瑞丁監獄之歌》（Ballad of Reading Gaol），作品中描述了死囚等待處決的經歷。

萊特兄弟首次飛行
WRIGHT BROTHERS' FIRST FLIGHT

1903 年，威爾伯‧萊特（Wilbur Wright）和奧維爾‧萊特（Orville Wright）完成飛航首舉，
以機上的動力讓重於空氣的飛行器起飛、維持控制且順利航行。

📅 時間：1903 年 12 月 14、17 日　　　✈ 機型：雙翼機

📍 地點：北卡羅萊納州的小鷹鎮（Kitty Hawk）　　⚖ 重量：625 磅，含飛行員總重 750 磅

✗ 載具：萊特飛機飛行者一號

萊特兄弟

來自俄亥俄州戴頓（Dayton）
的萊特兄弟，先前已設計出成
功的滑翔翼。因為沒有公司能
供應所需的引擎，他們於是自
己動手建造。

飛行者一號

3 組特殊控制裝置

平衡用的翹曲機翼、
轉向用的活動式螺旋
槳，以及控制俯仰角
度的升降舵

一短一長的機翼，
補償了引擎重量。

12 馬力

5 次飛行

軌道大工程

萊特兄弟建造出 60 英呎長的發射軌道，並用輪車載運「萊特飛機」以滑過其上。

萊特兄弟擲硬幣來決定誰來執行首航。

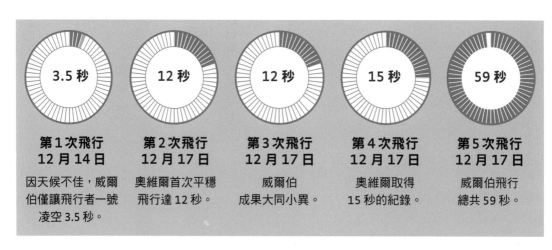

3.5 秒	12 秒	12 秒	15 秒	59 秒
第 1 次飛行 12 月 14 日	**第 2 次飛行** 12 月 17 日	**第 3 次飛行** 12 月 17 日	**第 4 次飛行** 12 月 17 日	**第 5 次飛行** 12 月 17 日
因天候不佳，威爾伯僅讓飛行者一號凌空 3.5 秒。	奧維爾首次平穩飛行達 12 秒。	威爾伯成果大同小異。	奧維爾取得 15 秒的紀錄。	威爾伯飛行總共 59 秒。

女性參政權抗爭運動
WOMEN'S SUFFRAGE

1832 年時，亨利‧杭特（Henry Hunt）代表約克郡（Yorkshire）的未婚女子
瑪麗‧史密斯（Mary Smith）向議院提出請願。她認為既然自己有繳稅，也應得到投票的權利。
此次行動最終失敗，但卻成功引起大眾思考這項議題。

時間軸

1897年：NUWSS 成立。

1903年：WSPU 成立。

1907年：76 名婦政者意圖闖入議會大廈而遭捕。

1908年：婦女週日示威活動中，召集了 250,000 名抗議者。

1909年：瑪麗昂‧華萊士‧鄧祿普（Marion Wallace Dunlop）在獄中絕食抗議，他人相繼仿效，該年稍晚監獄開始灌食囚犯。

1910年：提案通過，但未正式入法；WSPU 遊行遭暴力鎮壓。

1911年：艾米莉‧威爾丁‧戴維森（Emily Wilding Davison，生於1872年，卒於1913年）在普選日當晚躲藏於議會大廈的櫥櫃裡。

兩派差別？

爭取參政權的兩大團體，英國全國婦女投票聯盟（National Union of Women's Suffrage Societies，NUWSS），領頭者為「婦政派」的米利森特‧福塞特（Millicent Fawcett，生於1847年，卒於1929年）。此派為名下有財產的中產女性爭取投票權，特別強調非暴力。
引領婦女社會政治聯盟（Women's Social and Political Union，WSPU）的人士艾米琳‧潘克斯特（Emmeline Pankhurst）屬「激進婦政派」，主張全民投票權，口號為「行動勝於言語」（Deeds not words）。

激進婦政派採取武力行動包含

‧示威遊行‧炸彈‧縱火
‧砸窗‧自綑臥軌

抗爭色彩

女性投票權的擁護者穿戴著

綠色		旗幟
白色	的	徽章
紫色		巾帶

1914年婦女參政團體成員數

NUWSS 50,000 名
WSPU 5,000 名

1913年：在〈貓捉老鼠法案〉（Cat and Mouse Act）中，先釋放絕食囚犯，事後再拘捕。戴維森在埃普索姆德比賽馬場（Epsom Derby）以肉身擋國王皇駒而死。

1914年：潘克斯特（生於1858年，卒於 1928年）原定向國王提出請願，因此大戰爆發而暫緩。

1918年：〈人民代表法〉（Representation of the People Act）通過，准許年過三十且有登記產權的女性投票。

1919年：南希‧阿斯特（Nancy Astor）拿下議會席次，成為英國第一名女議員。

1928年：〈人民代表（同等投票權）法案〉（Representation of the People(Equal Franchise) Act）准許所有滿 23 歲的人民投票。

美國總統老羅斯福

THEODORE ROOSEVELT

美國第 26 任總統年僅 42 就職，為歷來最年輕的總統。

時間軸

- **1858 年 10 月 27 日**：出生於紐約市。

- **1880 年**：從哈佛大學畢業。

- **1882 年**：當選紐約州議會議員，其後連任。

- **1884 年**：羅斯福妻子和母親雙雙於同日過世，他在南達科他州一座牧場服喪兩年。

- **1886 年**：回到紐約市並再婚。

- **1898 年**：美西戰爭（Spanish-American War）即將爆發之際，羅斯福成為美國第一支志願騎兵隊的上校，此騎兵隊又名「莽騎兵」（Rough Rider）。

- **1901 年**：在威廉・麥金萊（William McKinley）遇刺後，接任總統一職。

- **1901 年**：邀請布克・華盛頓（Booker T. Washington）共享晚宴，成為美國總統於白宮招待黑人賓客的首例，在社會上引起一陣軒然大波。

- **1903 年**：協助巴拿馬脫離哥倫比亞，預備將來建造巴拿馬運河。

- **1904 年**：連任總統。

- **1904 至 1905 年**：協助調停日俄戰爭。

- **1919 年 1 月 6 日**：於紐約的牡蠣灣（Oyster Bay）逝世。

戶外型

羅斯福小時候病弱，因此自己發明一套嚴苛的體能訓練方法。他後來變得強壯，且熱愛大自然和舊西部（Wild West）。

反壟斷

羅斯福實行「公道交易」，利用〈休曼反壟斷法案（1890 Sherman Antitrust Act）〉，一步步打擊壟斷的商業行為。

和平談判人

羅斯福在成功講和日俄戰爭後，贏得令人稱羨的諾貝爾和平獎。

羅斯福任職總統期間，將 **2 億英畝的土地** 列管為國家森林、保護區和野生庇護所

泰迪熊

雖然羅斯福沉浸於捕獵大型動物之中，但他在 1902 年因顧及格調而拒絕射殺一隻遭鐵鍊拴住的熊。莫里斯・米奇湯姆（Morris Michtom）和妻子蘿絲（Rose）發明「泰迪熊」絨毛玩偶來紀念此事。

美國首位非裔女性百萬富翁

MADAM C. J. WALKER

20 世紀早期，少有女性從事商業一行，特別是有色人種。沃克夫人不僅是首位靠自己起家而成為百萬富翁的美國女性，也為數百名非裔美籍女性開設出一條脫離貧窮的道路。

時間軸

- **1867年12月23日**：莎拉・布里德勒夫（Sarah Breedlove）出生，是前奴隸父母的第一名自由民子女。

- **7歲**：失去雙親。

- **14歲**：結婚以逃離施暴的姊夫。

- **20歲**：喪夫。

- **22歲**：移居至密蘇里州的聖路易市（St. Louis），擔任洗衣工及廚娘。

- **27歲**：再婚，其後離婚。

- **38歲**：再婚，以婚後名「沃克夫人」推出自己的產品。

毛躁時期

沃克本身有頭皮問題，能切身體會髮型困擾。

1.5 元美金

布里德勒夫（此時未婚，因此未用婚後名）當洗碗工時的每日薪酬。

沃克式髮型

沃克採用特殊的梳刷技法、加熱梳具和她獨家配方的**神奇生髮水**。

她開始**郵購事業**，並在二度離婚後，在印第安納波利斯（Indianapolis）**建造一間工廠**，並為她旗下領有合格證的**銷售員開設美容學院**。

40,000 名

沃克夫人在美國、中美洲和加勒比海地區聘用的非裔美籍婦女人數。

慈善事業

沃克在 **1913 年搬到哈林（Harlem）**，全心投入助人善舉。她捐贈巨款給慈善機構，包含給美國全國有色人種協進會（National Association for the Advancement of Colored People，NAACP）反私刑基金 5,000 美元（約今日的 72,500 美元或 55,500 英鎊）。

她在 1919 年離世時，為價值超過百萬（約今日的 1,450 萬美元或 1,110 萬英鎊）企業的單一所有權人。

女性平均每週薪資

沃克夫人的員工：
10 美元

美國南部員工：
2 美元

發現馬丘比丘遺址
DISCOVERY OF MACHU PICCHU

1911 年 7 月 24 日，探險家海勒姆・賓厄姆三世（Hiram Bingham III）步履艱辛地爬著細雨綿綿的山岳，他以為自己已看盡一切景色。等到登上了山巔，眼前直通雲霄的古老舊城遺址卻令他震懾難言。

 7,972 英呎 海拔高度。

 8,923 英呎 瓦納比丘（Huayna Picchu）山頂高度。

 3 戶人家 賓厄姆抵達時，居住在當地的居民戶數。

20 座 地面上可見到的建築數目。

 500 座 開鑿後找到的建築數目。

1983 年，聯合國教科文組織（UNESCO）將馬丘比丘（Machu Picchu）列入世界遺產

印加帝國 Inca Empire

印加人擁有精湛的建築、工程及軍事技術，但敗給了覬覦帝國金礦的殖民征服者弗朗西斯科・皮薩羅（Francisco Pizarro）。西班牙的槍砲、馬匹和疾病，對此曾經輝煌的帝國帶來一場浩劫。

祕魯

探險

賓厄姆此行目的是要尋找隱世據點維卡邦巴聖谷（Vilcabamba），也就是最後一批印加人在 1572 年的覆滅處。當地農人梅爾喬・阿爾特加（Melchor Arteaga）承諾帶領他探訪奇景。

賓厄姆確實對景象嘆為觀止，但還不僅如此。後續探險行動中，他又發現店家、梯田、房舍、宮殿、山泉、渠道，還有壯觀的太陽神廟，巧妙的建造方式讓此廟可在冬至時節迎來太陽光芒。賓厄姆終其一生都以為自己找到的是維卡邦巴聖谷。

西班牙人之前完全不知道有馬丘比丘的存在，也沒有任何相關記錄。據說這是 15 世紀威震天下的印加武王帕查庫提（Pachacuti）在山嶺的休憩幽境。

南極探險競賽
RACE TO THE SOUTH POLE

20 世紀初期，地球上無人探索過的地區已經很稀少。
1911 年，大英帝國和挪威的兩隊人馬出發前往南極。

挪威

 團隊領班：羅爾德·阿蒙森（Roald Amundsen）

船隻：前進號（Fram）

離營日：1911 年 10 月 18 日

抵達南極：1911 年 12 月 14 日

返營日：1912 年 1 月 25 日

大英帝國

 團隊領班：羅伯特·福爾肯·史考特（Robert Falcon Scott）

 船隻：新地號（Terra Nova）

離營日：1911 年 11 月 1 日

抵達南極：1912 年 1 月 17 日

返營日：終未回返

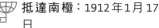

阿蒙森

生於 1872 年，卒於 1928 年

受人推崇的冒險家阿蒙森行動保密，他選了不同路線，在較史考特一行人更偏南方 60 英哩處紮營，而史考特的動力設備則故障了。阿蒙森帶領 4 名人手前赴南極最後一段路，相較於史考特所帶的 5 名隊員，物資分配較充裕。

史考特

生於 1868 年，卒於 1912 年

史考特在 1901 年至 1904 年間已嘗試前往南極，雖然最終未成功，但也創下新記錄。這一回，他毅然決然再度挑戰。

史考特團隊面臨的問題

- 疲勞
- 飢餓
- 壞疽
- 失溫
- 壞血病
- 凍傷

史考特領取英國海軍補助金為 **20,000 英鎊**（等同今日的 230 萬英鎊）。

史考特團隊死於物資營外 **11 英哩**處。

阿蒙森在最後一段路動用了 **52 隻**雪橇犬。

競賽開始

史考特在澳洲停留時，接到阿蒙森傳電報表示他也要前往南極。

極地

史考特團隊筋疲力盡、病重體衰，且不得不棄置動力雪橇，只能自行拖行補給物資。抵達南極時，他們發現阿蒙森已經在該處豎立旗幟。

結果

愛德嘉·埃文斯（Edgar Evans）中士在落後隊伍後，死於 2 月 17 日。勞倫斯·奧茨（Lawrence Oates）上尉自認是消耗物資的累贅，於是在自己 32 歲生日當天的 3 月 17 日離開營帳，獨自步入風暴。團隊最後 3 人史考特、愛德華·威爾森（Edward Wilson）和亨利·包爾斯（Henry Bowers），在 1912 年 3 月 29 日當日或再過幾日後也罹難。

鐵達尼號沉沒
SINKING OF RMS *TITANIC*

1912 年 4 月 14 日，晚間 11 點 40 分，英國皇家郵輪鐵達尼號撞上冰山。
午夜，6 間水密艙漏水；鐵達尼號沉沒，當日為從愛爾蘭出發前往紐約的第 4 日航程。

 RMS 鐵達尼號：號稱「永不沉沒之船」

☆ **建造**：白星航運（White Star Line），即創下跨大西洋航速記錄的冠達郵輪（Cunard）的業界競爭對手

💰 **耗資**：750 萬美元（等同今日的 1.67 億美元）

⚖ **重量**：46,000 噸

 可承載人員總數：2,603 名乘客、944 船員

 救生艇：16 艘 + 4 艘折合艇（承載量為 1,178 名），可容納半數乘客

史密斯船長

- 愛德華·史密斯（Edward J. Smith），人稱「富豪船長」（millionaire's captain），是當時貴族的頭號船長人選。
- 雖然在史密斯的指揮下，於 **1911 年發生了兩起船難**，但他仍受任為鐵達尼號的領班。
- 有許多關於船長的謎團，其中最為人知的，就是他無視即將撞上冰山的警告。
- 有人目睹他在艦橋（即駕駛台）沒入水中時，一躍入海。

鐵達尼號相關數據

船上約有 2,200 人。

900 名 船員
承載量不滿 **75%**
1,300 名 乘客

乘客組成：

頭等艙 **324 人**
次等艙 **284 人**
三等艙 **709 人**

見到冰山和撞擊的間隔時間為

37 秒

20 艘 救生艇可容納半數乘客。

實際上了救生艇的人僅 **700 名**，其餘多是空位。

鐵達尼號的閃耀光輝

這艘船的內部裝潢參考了倫敦的麗思酒店（Ritz）。

THE RITZ

頭等艙的乘客可享受閱讀室、中庭棕櫚雅座、健身房、游泳池、壁球場、土耳其浴和理髮廳等設施。

後續發展

僅打撈到

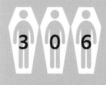

3 0 6

具屍體。

1985 年發現船骸，距離紐芬蘭岸外 370 英哩處。船首插入海床 18 公尺。

當世最後一名船難生還者，為米爾維娜·迪恩（Millvina Dean），沉船當時僅兩個月大。她在 2009 年 5 月 31 日過世，享壽 97 歲。

巴拿馬運河

PANAMA CANAL

在 1914 年以前，欲在太平洋和大西洋之間航行的船隻，
必須要經過南美的合恩角，過程漫長且艱險。

巴拿馬運河：連通兩大洋的閘式運河

緯度：北緯 9 度

範圍：大西洋的科隆（Colón）往正南
方，至太平洋的巴波亞（Balboa）

長度：兩側海岸線相距 40 英哩，深水
區兩側相距 50 英哩

時間軸

- **16 世紀**：西班牙開始研擬開鑿運河的可行性。

- **1881 年**：法國的斐迪南‧德‧雷賽布（Ferdinand de Lesseps），繼建造蘇伊士運河（Suez Canal）後，希望再於巴拿馬地峽蓋第二座運河。

- **1898 年**：德‧雷賽布被迫中斷企劃，將工程變賣。

- **1902 年**：美國國會通過〈斯彭納法案〉（Spooner Act），採買這項企劃，但與哥倫比亞談條約失敗。

- **1903 年**：巴拿馬宣布獨立。

- **1904 年**：〈美巴條約〉（Hay-Bunau-Varilla）允許美國興建工程。

- **1914 年 8 月 15 日**：運河開放。

- **1977 年**：〈巴拿馬運河條約〉（Panama Canal Treaty）逐步將運河掌控權交還給巴拿馬。

- **1999 年**：美國將控制權移交給巴拿馬。〈中立條約〉（Neutrality Treaty）保證運河永久中立性，稅收上無差別待遇且供任何國家航經。

- **2016 年**：擴建工程完成。

船閘

要建造對齊海平面的渠道，需耗費鉅款，因此法國決定使用閘式系統。

巴拿馬獨立

巴拿馬過去隸屬於哥倫比亞，在 1903 年以美國為後盾宣布獨立。

獨立的代價

直接款 10,000,000 美元，外加 250,000 美元的年費
巴拿馬允許興建和統管運河的讓渡金。

164 平方英哩
為了調控船閘機制而建造出的加通湖（Gatún），其面積大小。為當時世界上最大的人工湖。

考量的 2 條開鑿路線
巴拿馬和尼加拉瓜（Nicaragua）。

25,600 人
建造過程估計的喪命人數。

8 至 10 小時
跨越運河的平均時間。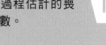

巴拿馬運河可縮減 **8,000 海哩** 的海上航程。

斐迪南大公遇刺

ASSASSINATION OF ARCHDUKE FERDINAND

1914 年，歐洲情勢劍拔弩張，只差一點星火就將爆發。
結果，巴爾幹半島上的一群行刺者果真因此引燃了戰爭的火苗。

時間軸

1914 年 6 月 28 日

9:30 玻士尼亞州總督波蒂奧雷克將軍在塞拉耶佛車站迎接斐迪南大公與其妻子蘇菲(Sophie)，即霍恩貝格女公爵（Duchess of Hohenberg）。

10:10 內德利科・查布林諾維奇（Nedjelko abrinović）向大公搭乘的座車投擲手榴彈，結果撞到引擎蓋而彈開，並滾到後方車輛底部後爆炸。

10:20 大公要求至醫院探訪剛才受傷的軍官。

10:50 當車因轉錯彎而掉頭時，加夫里洛・普林西普（Gavrilo Princip）走近並槍殺敞篷車上的斐迪南和蘇菲。

11:30 蘇菲抵達總督宅邸時已不治身亡，數分鐘後斐迪南也隨即撒手人寰。

受害者

約有 20 人遭炸彈波及受傷。

第二發子彈原本瞄向州長波蒂奧雷克（Potiorek），但在混戰中射偏。

**斐迪南大公
及其妻子蘇菲**

事件背景

奧匈帝國藉友邦德國之助，在柏林會議正式吞併了波士尼亞（Bosnia）地區（原屬鄂圖曼帝國一州）。但波士尼亞民族主義者渴望獨立，並獲得與俄羅斯帝國結盟的塞爾維亞同情。因此當奧匈帝國皇儲斐迪南・法蘭茲大公（Archduke Franz Ferdinand）宣布將造訪波士尼亞首府塞拉耶佛（Sarajevo）時，行刺者開始籌備行動。

黑手會 Black Hand

7 名由塞爾維亞人與波士尼亞人組成的年輕刺客團隊，從黑手會取得槍枝和砲彈等武器。黑手會是塞爾維亞的一個秘密恐怖組織，崇尚**大塞爾維亞主義**（認為波士尼亞屬塞爾維亞一部分）。

後續發展

查布林諾維奇和普林西普因年紀輕（各為 19 歲和 20 歲）而不適用死刑，因此改判 20 年有期徒刑，但兩人前後在 1916 年和 1918 年於獄中死於肺結核。

後果

奧匈政府將此次行刺視為直接攻擊，認為塞爾維亞是幕後主使者。俄羅斯開始動員支援塞爾維亞。奧匈帝國則向塞爾維亞宣戰，德國也向俄羅斯宣戰以支援盟國。法國支援俄羅斯，因此德國也向法國宣戰。

第一次世界大戰就此拉開序幕。

加里波利之戰

GALLIPOLI

加里波利之戰又稱為達達尼爾（Dardanelles）之戰，是第一次世界大戰中的著名慘烈戰事之一。

📅 **時間**：1915年2月至1916年1月

📍 **地點**：土耳其的達達尼爾海峽以及加里波利半島（Gallipoli Peninsula）

🔔 **參戰方**：協約國 VS 鄂圖曼土耳其帝國

➕ **傷亡數**：雙方共500,000人

❌ **結果**：協約方戰敗

海戰

在1915年2月19日，英法船艦未能攻下連通愛琴海和馬爾馬拉海（Sea of Marmara）的達達尼爾海峽。

進攻陸地

- 4月25日，協約國軍隊在海麗絲岬（Cape Helles）和阿里伯努（Ari Burnu，其後改稱澳紐軍團灣〔Anzac Cove〕）兩處登陸，遭逢土耳其軍隊的強勁反抗力量，因而蒙受莫大損失。

- 8月6日再一次登陸讓協約國聯軍取得短暫優勢，但因為行動不果決，造成延遲，因而錯失良機。

- 壕溝戰中，軍隊無法行進。軍人挨餓、染病且身旁堆滿戰友屍體和群聚的黑蠅，士兵動彈不得。

- 聯軍總司令伊恩‧漢密爾頓爵士（Sir Ian Hamilton）被撤換成察爾斯‧門羅爵士（Sir Charles Munro）。最終協約國別無選擇，因此在12月7日撤下105,000人大軍。

協約國聯軍

- 澳洲
- 紐西蘭
- 法國
- 大英國協與其屬地

480,000 名
協約國聯軍參戰。

澳紐軍團 Anzac

澳洲及紐西蘭軍團在1914年成立於埃及。「Anzac」一詞之後被用來指稱澳洲或紐西蘭的士兵。

緬懷

在英國本土，軍事和人類的災禍讓首相阿斯奎斯（Asquith）下台。澳紐地區仍留下深深傷疤。每年4月25日以「澳紐軍團日」紀念未能歸來的軍人。

傷亡數

雙方總死傷數為 **250,000人**，其中：

協約國
46,000至58,000人陣亡

土耳其
87,000人陣亡

29,000人
英國及愛爾蘭

11,000人
澳洲和紐西蘭

18,000人
他國

索姆河戰役
BATTLE OF THE SOMME

索姆河戰役是第一次世界大戰中規模最大的戰役，也是歷史上極為血腥的一場戰事。
此戰中，英法聯合戰隊在西方戰線勝過德軍，但也付出慘烈代價。

📅 **時間**：1916 年 7 月 1 日至 11 月 19 日

📍 **地點**：法國的索姆河岸

👤 **參戰方**：英法聯軍 vs 德軍

➕ **傷亡數**：英國 420,000 人，法國 200,000
人，德國 600,000 人

✖ **結果**：僵局

戰前局勢

· 戰爭發起之前，英國大舉進軍索姆並連續七
  日猛烈轟炸。
· 軍隊在德國壕溝中發射 1,700,000 發子彈。
· 只有重型砲彈能對德軍防線產生作用，英軍
  未能如預期般的快速突破。

奮戰兵力

二十七師共 750,000 人進攻，其中超過八成
是英國遠征部隊（British Expeditionary Force，
BEF）的兵力。

戰果

· 往後的 141 日當中，英軍最多只行進了 7 英
  哩。
· 雖然損失慘重，英軍最終在戰略上取勝並重
  挫德軍兵力。

緬懷

· 大英國協國殤紀念墳場管理委員會在索姆區
  設立超過 450 座紀念碑和墓塚。
· 蒂耶普瓦勒紀念碑（Thiepval Memorial）
  銘刻著於索姆戰役中屍首下落不明且似未建
  墳的軍人姓名。

開戰日

7 月 1 日，上 午 7 點
20 分，埋於霍梭恩嶺
（Hawthorn Ridge）
地下的一顆**大型地雷**
引爆。10 分鐘後，步
兵隊大舉攻入巔頂。

英軍一方面因訓練不
足，另方面因身負 66
磅重的設備，因此以緩
慢的步行速度行軍。

✝

現在隸屬於加拿大的紐
芬蘭軍團，死傷最為慘
重：開戰日當天總共
2,000 名的兵力中，有
90% 陣亡。

首戰日中，**19,240 名**
英國士兵戰死沙場。

軍功

51 名 大英國協和帝國軍士兵，
因在戰役中的貢獻獲頒維多利亞
十字勳章。

俄羅斯邪巫拉斯普京之死
DEATH OF RASPUTIN

格里戈里・拉斯普京（Grigori Rasputin）在世時把持著俄羅斯皇家成員，
大權在握，他的臨死傳奇也驚動了全世界。

📅 時間：1916年12月30日

📍 地點：聖彼得堡（St. Petersburg），
費利克蘇維奇・尤蘇波夫親王（Prince
Felix Yusupov）的宮殿

🗡 行刺者：尤蘇波夫親王、普利什凱維奇
（Vladimir Purishkevich）

事件背景

俄羅斯沙皇尼古拉二世（Nicholas
II，即尼古拉・亞歷山德羅維奇・
羅曼諾夫〔Nikolai II Alexandrovich
Romanov〕）和皇后亞歷山德拉
（Alexandra）有個攸關生死的大
祕密：將繼位的獨生子阿列克謝
（Alexei）罹患血友病，因血液無
法凝固而隨時有出血致死的風險。

那對眸子

聲名大噪的靈媒拉斯普京，
其怪誕外表因震懾人心而上
報，他那一雙陰森可怖的鬼
魅之眼，更讓整個事件宛如
一場夢魘。

毫無辦法的羅曼諾夫皇室夫
婦堅信拉斯普京可治好兒子，

但大眾眼中只看見使用怪異
術法掌控皇室的邪巫，且要
是此事無法收拾，俄羅斯將
步入亡途。

拉斯普京之死

沙皇親赴第一次世界大戰戰場時，讓皇后掌管大局。策謀者擔心拉
斯普京將獲得更高權位，因此決定除去此人。
拉斯普京死亡時的各項目擊記錄差異甚大，而尤蘇波夫親王的說法
也有爭議。

 靈媒拉斯普京被引誘至
地下室，吃下摻有毒藥
的蛋糕，卻毫無異狀。

 尤蘇波夫開槍射擊拉斯
普京，他倒地顯露出
「死狀」，於是策謀者
離開現場。

 策謀者回來時，拉斯普
京已跟蹌逃至庭院。

 他中彈而顯露「死狀」，
後來身軀又扭動起來，
於是旁人又再以鐵鎚重
擊。

拉斯普京的屍體遭扔入小涅瓦河（Malaya Neva
River）。被人發現屍體時，他的手部顯示了他落入河
中時尚未死亡，於是有了他是擁有超自然力量的妖物
之傳說。

皇后暗中將拉斯普
京埋葬，並持續去探
訪他的墓地，直到兩
個月後布爾什維克
黨人（Bolshevik）拘
捕羅曼諾夫皇族為
止。其後拉斯普京遭
人挖墳且焚燒屍體，
骨灰也被撒入空中。

羅曼諾夫皇族在1918年
遭革命派人士殺害。

西班牙流感大爆發

SPANISH FLU

1918 年，已飽受戰爭蹂躪的世界，又因名為「西班牙流感」的駭人疾病肆虐而分崩離析，
死亡人數高達數千萬名。

 時間：1918 年至 1919 年

 疾病：流感（H1N1）

 症狀：發燒、頭痛、無力，易引發肺炎

 估計死亡數：全球總計 2,500 萬至 5,000 萬

 感染區域：除了少數偏遠島嶼，幾乎各地都淪為疫區

「第一波」流感席捲歐洲各地的軍醫院。返鄉的軍人將病毒帶回，導致第二、三波疫情爆發，多數染病者為年輕健康的成人。

為何稱為
「西班牙流感」？

為了在大戰期間保持士氣，各地政府皆隱匿疫情的嚴重程度。身為中立方的西班牙則可自由報導此事件，也因而被冠名於病毒上，得到這令人無奈的稱號。

治療

當時沒有病毒相關知識，因此沒有疫苗和救治方法。當局能提供的最佳辦法，就是隔離病患、對高危險群檢疫、封閉公共建築、加強個人衛生。

675,000 人
美國死亡人數

當時在紐約市，咳嗽而未遮掩口鼻者會遭罰款或處以徒刑。

不斷重演的夢魘

接下來的 38 年期間，西班牙流感持續於全球隨季節爆發。

2005 年，美國疾病管制與預防中心學者成功建構出 H1N1 病毒結構，並對大流行病的疫情控制措施進行研究。

俄羅斯革命
RUSSIAN REVOLUTIONS

20 世紀時局動盪，革命接連而起，逐步促使蘇維埃聯邦（Soviet Union）宣布成立。

時間軸

以下日期依格里曆法（Gregorian，即西曆）而訂，蘇聯於 1918 年起採用此曆。

- **1861 年**：農奴制已廢止，但俄羅斯的農民仍受土地束縛。

- **1881 年**：激進的民意黨團（People's Will）刺殺沙皇亞歷山大二世（Alexander II）。

- **1882 年**：嚴重的集體迫害導致猶太人大舉遷徙。

- **1894 年**：尼古拉二世登基。

- **1905 年**：「血腥星期日」事件爆發，開啟 1905 年俄羅斯革命（1905 Revolution）。

- **1905 年**：戰艦波坦金號（Potemkin）海兵叛亂。

- **1905 年**：尼古拉頒布〈十月詔書〉（October Manifesto），承諾給予公民自由權。

- **1907 年**：一場政變最終致使俄羅斯皇家杜馬（Imperial Duma）立法議會解散。

- **1914 年**：第一次世界大戰爆發。

弗拉基米爾‧列寧
Vladimir Lenin

生於 1870 年，卒於 1924 年

革命派中的激進份子，最終成為蘇聯領導人。列寧曾因言論遭監禁，但在布爾什維克起義時勢力崛起。

血腥星期日
Bloody Sunday

軍警對和平示威者開火，造成 1,000 人殞命。一般認為尼古拉二世為指使者。

二月革命
February Revolution

由婦女示威領頭，公眾抗議連續 8 日，最終使得俄羅斯君王制度廢止。尼古拉於 3 月 15 日退位，但新籌組的臨時政府面臨反彈，因此政情並不穩固。

紅色恐怖
Red Terror

有人行刺列寧未遂，使他展開大規模拘捕和處決行動。

- **1917 年**：二月革命發生；俄羅斯於 9 月 14 日宣布成立俄羅斯共和國。

  布爾什維克黨人士在十月革命（October Revolution）中掌權，頒布新訂立的工人權利規範，並廢止私有財產制。

- **1918 年**：在布爾什維克王朝統治下，俄羅斯退出第一次世界大戰而丟失的大片舊帝國疆土。

  俄羅斯皇室遭受處決。

  紅色恐怖開始。

- **1922 年**：蘇聯成立。

- **1924 年**：列寧逝世；約瑟夫‧史達林（Joseph Stalin）在與列昂‧托勒斯基（Leon Trotsky）的政爭當中勝出。

1896 年 5 月 30 日，尼古拉二世加冕儀式中，因洶湧人潮發生踩踏事故，導致 1,300 人喪命，史稱霍登卡練兵場慘案（Khodynka Tragedy）。

包浩斯創立

BAUHAUS

專攻建築暨應用藝術設計的包浩斯學校於 1919 年開辦，
其師生接連創造出歷久不衰的作品，從今日眼光看來極富現代感。

🗓 **時間**：1919 年至 1933 年

📍 **地點**：1919 年至 1925 年於威瑪（Weimar）
1925 年至 1932 年於德紹（Dessau）
1932 年至 1933 年於柏林

🖌 **創辦人**：沃爾特‧格羅佩斯（Walter Gropius，生於 1883 年，卒於 1969 年）

🚫 **停辦**：1933 年因納粹勢力施壓而關閉

📍 **地點**：1937 年新包浩斯學校於芝加哥重生

格羅佩斯結合威瑪藝術學院（Weimar Academy of Arts）和威瑪藝術工藝學校（Weimar School of Arts and Crafts），統合出「包浩斯」學校，德文 bauhaus 字面意思為「建築房屋」。

就讀者同時修習各領域的理論和實務課程：

- 木工
- 金工
- 陶藝
- 彩繪玻璃
- 濕壁畫
- 編織
- 製圖
- 排版印刷
- 舞台表演

修業完畢的學生精熟現代建築和室內設計。

理念

響應結合工藝和設計的英國藝術工藝運動的同時，格羅佩斯避免採用個別特製的豪奢品，以利實行高品質量產的目標。他想要為社會各階層都創造出具有美感的物品。

管架椅

包浩斯鼓勵學生使用現代素材，像鋼管、合板、玻璃板和幾何圖形，創造出兼顧美觀和功能的建築物和家具。

最有名的作品，大概要屬馬歇‧布勞耶（Marcel Breuer）的 B3 椅，後改稱瓦西里椅（Wassily chair），以管狀鋼材和黑色皮料製成。

影響

包浩斯所採用的教學法以及對設計的重視，仍在今日所有設計課程中占有重要地位。

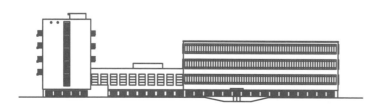

法老王圖坦卡門墓穴

DISCOVERY OF THE TOMB OF TUTANKHAMUN

考古學家霍華德・卡特（Howard Carter）被問及是否有所發現時，
他激動答道：「對！不得了的東西！」（Yes, wonderful things!）這句情溢乎辭的評論也因此名留青史。
而少年國王圖坦卡門完整保存的陵墓，迄今仍獲譽為世界級的雄偉考古發現。

 埃及的帝王谷（Valley of the Kings）

時間軸

- 西元前 1323 年：圖坦卡門逝世，年僅18歲；屍身經過防腐處理後，連同死後所需的一切物品共同安葬。

- 1907 年：卡爾納馮勳爵聘雇卡特開挖古埃及遺址。

- 1922 年 11 月 4 日：當地取水者發現石階的遺跡。

- 1922 年 11 月 26 日：卡特打開墓穴的封印。

- 1923 年 2 月 16 日：發現保存完整的法老石棺。

末場行動

卡特起先於1907年受雇於卡爾納馮勛爵（Lord Carnarvon）。經過第一次世界大戰等接連不斷的風波，卡爾納馮對任務毫無進展而開始心灰意冷，但卡特順利說服金主再資助最後一波行動。

珍寶

發現超過3,000件文物，包含稀世的金製家具、壁畫、馬車、酒壺，甚至還找到當時的麵包。多件瑰寶現在展示於開羅的埃及博物館內。

宮廷面具

圖坦卡門黃金死亡面具上鑲嵌著翡翠和寶石，底部則刻有古埃及《死者之書》（Book of the Dead）的咒文。

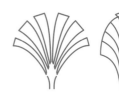

圖坦卡門熱潮

這個發現風靡全世界，現代也吹起了古埃及風。埃及風進入時尚、建築和設計圈，儼然成為新式裝飾風藝術的要角。

科學天才愛因斯坦

ALBERT EINSTEIN

愛因斯坦是鮮少有人能出其右的天才。
他對科學的貢獻極獲頌譽，也因赤子童心和對和平不遺餘力的付出而受人喜愛。

誕生日：1879年3月14日生於德國的
烏爾姆市（Ulm）

逝世：1955年4月18日死於美國的普
林斯頓（Princeton）

愛因斯坦厭惡上學，導師甚至曾
說過他終將一事無成。

他在瑞士專利局找到行政辦公的
工作。業務並不繁重，讓他有時
間能進行思考，有助他後來開展
自己的事業。

奇蹟之年

1905年，愛因斯坦於26歲發表了4份論文，成
就包含：

- 證明原子的存在，取得博士學位

- 開啟量子力學的概念

- 提出相對論的構想

- 提出 $E=MC^2$ 等式，建構出物質和能量能
  相互轉換的理論

愛因斯坦的相對論

狹義相對論提出速度必定與其他事物及另一物體
的移動速度相關。

廣義相對論為萬有引力理論，
描述了時空的構成質料，以及
說明此質料可彎曲、延長、扭
曲，甚至可能可以打破。

崇尚和平

第一次世界大戰令致力投入和平的愛因斯坦憂
心忡忡。他重返納粹德國時，因自己的猶太身
分感到不安。他奔波各國，最終在美國普林斯
頓定居。愛因斯坦的研究結晶促成曼哈頓計畫
（Manhattan Project），但他仍鍥而不捨地努
力避免核子武器擴散。

女人緣

愛因斯坦受盡女性青睞，私生活糾葛不斷。他先是用諾貝爾獎獎金來償還第一次
離婚的費用，接著再娶自己的表姊為妻。

美國禁酒令

PROHIBITION

美國一直不乏喜好杯中物的性情中人。南北戰爭時，士兵常會偷偷在褲中挾帶酒入軍營，因此得到「靴筒哥」的戲稱。生活穩定下來後，不碰酒的人開始認為酒是美國社會的亂源。

開始

1919 年 1 月 16 日

〈憲法第十八條修正案〉將酒精的生產、進口、銷售、運輸都列為違法。

結束

1933 年 12 月 5 日

〈憲法第二十一條修正案〉結束禁酒管制。

一場目標崇高的實驗

禁酒人士聲稱酒精會致使犯罪、家庭破裂、健康問題，且違反上帝的旨意。20 世紀早期，倡導戒酒運動者開始呼籲禁酒。

始料未及的後果

禁酒造成走私酒精的大型黑市、地下酒吧和犯罪活動猖獗。新型的黑幫份子開始進口或製造霍奇烈酒（hooch），一開始在暗地中進行，後來則毫不遮掩，因為政府官員貪腐而姑息。黑社會暴力也達到令人瞠目結舌的高峰，而政府酒精稅收慘淡。

私釀的「月光酒」（moonshine）有致命危機；工業用酒精遭刻意摻假，常更新包裝後販為飲用酒。

因為美國邊境範圍廣大、官員收賄，且民眾配合意願低，使得執法極為不易。

禁酒令相關數據

32,000 間
紐約在 1929 年的地下酒吧數量。

280,000 台
1929 年查扣的蒸餾製酒機數量。

130 起
1926 年至 1927 年間發生的黑社會殺人案件數。

與酒相關的死亡人數

1926 年	1920 年
760 人	98 人

法西斯首領墨索里尼

BENITO MUSSOLINI

墨索里尼是鐵匠之子,他以社會主義者身分展開官場仕途,
後來卻成為 20 世紀一大惡名昭彰的法西斯首領。

時間軸

- **1883 年 7 月 29 日**:出生於義大利的皮雷達皮奧(Predappio)。

- **1902 年**:遷居至瑞士找工作;加入社會主義立場的《前進報》(*Avanti*)報社。

- **1915 年**:對社會主義備感心寒,在義大利剛加入第一次世界大戰時從軍。

- **1919 年**:創立法西斯黨(Fascist Party)。

- **1921 年**:法西斯黨參與義大利聯合政府。

- **1922 年**:墨索里尼的黑衫軍進軍羅馬,國王維克托·伊曼紐爾(Victor Emmanuel)邀請他共同籌組政府。

- **1925 年**:此時獨攬大權,自封為「領袖」。

- **1935 年**:攻入阿比西尼亞(Abyssinia,現稱衣索比亞〔Ethiopia〕),在西班牙內戰中支持弗朗西斯科·佛朗哥將軍(General Francisco Franco)。

- **1939 年**:和納粹德國簽署《鋼鐵條約》(Pact of Steel)形成軍事聯盟;採行反猶太的律法。

- **1940 年**:義大利對英國及法國宣戰,但於東、北非及巴爾幹(Balkans)區域落敗。

- **1943 年**:墨索里尼受前政府同僚推翻和監禁;納粹勢力占領義大利,墨索里尼的首領身分變得形同傀儡。

- **1945 年**:逃離同盟國軍隊,在 4 月 28 日遭拘捕射殺。

萬人崇拜的風範

墨索里尼具備領導魅力和公眾演說的台風,即使政府勢力微弱,仍引發大眾迴響。

黑衫軍

墨索里尼把無業而憤恨不平的退役軍人訓練成武裝的恐怖行動部隊,讓政敵備感威脅。他們的口號是「乾我屁事」(Me ne frego)。

墨索里尼統管下的義大利

國家以秘密警察組織「奧夫拉」(OVRA)為後盾,控管人民大大小小的事。各個青年組織培育未成年的法西斯人士,要讓男性成為行動大膽的士兵,讓女性成為堅忍不拔的母親。

5 名
墨索里尼的增產壯國戰術(Battle for Births)中,規劃每個婦女目標要生產的子女數。

1940 年
4,000 人
被 OVRA 送入獄。

10 人被判處死刑。

有聲電影問世

TALKING PICTURES

將聲音賦予默片是電影界最大的一次革新。
第一部有聲電影《爵士歌王》（The Jazz Singer）上市極為成功，跌破眾人眼鏡。

時間軸

- **1877年**：湯瑪士·愛迪生發明留聲機，他開始想將聲音和早期底片電影相結合。

- **1900年**：巴黎同步播映留聲機音效和底片電影，並加快聲速以配合大銀幕上的影像。

- **1913年**：列昂·高蒙（Léon Gaumont）發明擴音的機器設備。

- **1919年**：李·德·福瑞斯特（Lee De Forest）發明了「phonofilm」技術，能用攝影的方式將聲音錄製到底片要的音軌上。

- **1920年代**：電影仍以默片為最大宗；好萊塢採用新科技的意願不高。

- **1927年**：《爵士歌王》成為第一部熱銷的有聲商業片（採用聲音分開錄製於唱片上的「vitaphone」技術）。

默片年代

在電影還沒有聲音的年代裡，播片時會以現場演奏來配樂，且通常是用鋼琴；要傳達最重要的場景會穿插一張張字卡；演員也會用誇張的肢體動作和表情來表現情緒。

面臨問題

數十名發明家想將聲效加入電影卻苦思無門。必須要能將聲音與演員的口型動作一致，且音量也要夠大聲。

觀眾已經深深習慣默片的步調，要受到強力說服才願意改看新潮的有聲片。

製片地獄

要錄製有聲電影不但爭議多，技術性問題也多。這點也成了1952年好萊塢歌舞片《萬花嬉春》（Singin' in the Rain）所諷刺的主題。

有些著名演員因聲音不適合而幾乎在一夕之間丟掉工作。外國戲院也從此無法像播映默片時那樣，只需調換字幕卡上的語言，就能讓國內觀眾看懂好萊塢電影，而默片的老劇本加上了聲音後，也使人感覺過分誇張。但儘管如此，當大家一聽過艾爾·喬遜（Al Jolson）在《爵士歌王》裡的歌聲後，就不願意走回頭路了。

製片天堂

有音效表示劇情片能更深入人心，喜劇片在視覺之餘，也能從聲音上做效果。好萊塢歌舞片自此問世。

在經濟大蕭條籠罩社會時，至少還有一件亮麗的表現：電影。

黑幫教父艾爾・卡彭
AL CAPONE

艾爾方斯・加布里埃爾・卡彭（Alphonse Gabriel Capone），或許是史上最惡名昭彰的黑幫人物。
他對一些人來說是個無良惡人，對一些人來說則是個英雄。

📅 **時間**：生於1899年1月17日，卒於1947年1月25日

🛏 **暱稱**：艾爾、靚裝仔（Snorky）、疤面煞星（Scarface）

🍾 **主要生財方式**：販運私酒

🔫 **副業**：地下酒吧、賽狗、賭場、夜總會、恐嚇取財、殺人、干涉陪審團、賄賂警察、選舉舞弊

💰 **獲利**：未知，艾爾・卡彭沒有銀行帳戶

艾爾・卡彭出生於紐約布魯克林，他在芝加哥找到非法勾當，並逐步成為犯罪組織的頭領。禁酒令讓非法酒業出現可乘之機，於是他毅然決然要奪下這地盤，不惜手上要染上多少鮮血。

情人節大屠殺
St. Valentine's Day Massacre

1929年2月14日，一批人馬身著刑警裝扮，攻破艾爾・卡彭的勁敵瘋子莫蘭（Bugs Moran）與其幫眾會合的地方，現場7名幫派成員遭射殺。莫蘭一口咬定是艾爾・卡彭所為。

碰不得的人

禁酒幹員艾略特・內斯（Eliot Ness）召集一群「鐵面無私」的警員，對「疤面煞星」宣戰。他們每次查緝行動都造成轟動，但卻完全查不到艾爾・卡彭任何確切罪狀。美國國家稅務局的法蘭克・威爾森（Frank Wilson），最終找到可以起訴他的名目——逃漏稅。

判決

艾爾・卡彭總共蹲了11年的牢房，其中幾年是在新落成的阿爾卡特拉斯島監獄（Alcatraz Federal Penitentiary）中度過。

民間英雄

艾爾・卡彭因扶助弱勢而聞名。他安排施捨食堂來幫助窮困無依的人，並且幫他仇人誤傷的路人支付醫藥費。

德國威瑪共和國

WEIMAR REPUBLIC

第一次世界大戰末期,德意志皇帝退位,政府走向共和制,此時德國既戰敗又窮困。

時間軸

- 1918年11月11日: 德國投降(當時已改為共和政體)。

- 1919年1月:弗里德里希·艾伯特(Friedrich Ebert)成為社會民主黨主席,暫時在威瑪舉辦黨會。

- 1919年7月:〈凡爾賽條約〉在財政、軍事和情感上都對德國進行嚴重懲戒。

- 1923年:德國面臨惡性通膨問題。

- 1924年:威瑪共和政權狀況穩定下來。

- 1929年:經濟大蕭條導致物資匱乏、人心驚惶以及國家社會主義崛起。

十一月罪犯

眾多人民將簽署〈凡爾賽條約〉(Treaty of Versailles)的威瑪共和政府視為叛國賊。

惡性通貨膨脹

局勢不穩固,使得耗弱的威瑪共和政府必須要印製紙鈔,因此導致惡性通膨。工人每日要賺兩份薪資才能過活,而且大家用裝滿現金的推車去購物。

〈憲法第四十八條〉

憲法讓國家元首在「非常時期」擁有凌駕於議會決策的決策權,但這項條款受嚴重濫用。

藝術

雖然政局動盪,但威瑪共和德國在藝術和建築方面達到全盛時期。包浩斯學校把全新的建築風格帶到世界上。破舊立新的達達運動(Dada movement)深深影響藝術,而表現主義將新層次的陰暗面注入德國電影。柏林在面臨陰暗至極的納粹主義興起前夕,享樂式、「任明日交付予魔鬼」的慶宴文化風氣群起狂舞。

一條麵包的價格

1923年1月= **250** 德國馬克

1923年11月= **2,000** 億德國馬克

經濟大蕭條
GREAT DEPRESSION

1929 年 10 月 29 日，飛騰的二〇年代應聲倒下。
美國股市慘跌，銀行倒閉，錢財流失，而且在其後的數個月和數年中，數百萬人難以為生。

局勢

1920 年代，美國經濟景氣熱絡，一般人可以輕鬆找到工作，福特汽車銷售迅速，而且也有些人加入貸款玩股票的潮流。

1929 年 10 月

18 日　股價下跌
24 日　黑色星期四：銀行家開始購入股份以穩定市場
29 日　黑色星期二：華爾街崩盤，股價狂跌

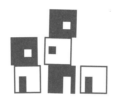

富豪在一夕之間破產。不久後，一般人也陷入窮苦困境。**數千人無家可歸，住在名為胡佛村（Hoovervilles）的貧民窟中**，如此取名是因為許多人認為胡佛（Hoover）總統不顧人民死活。

施捨站變得隨處可見。1930 年，黑幫艾爾・卡彭就在芝加哥供應感恩節牛肉雜燴給 5,000 名飢餓民眾。

黑色風暴 Dust bowl

北美大平原受過度農耕所害，讓曾經肥沃的土壤化為塵土。許多人拋下一切，跟隨群眾開車、搭便車或行走至加州，因為他們相信那裡景況會更好，如好萊塢所描述的一般。

小羅斯福 FDR

1933 年總統大選中，胡佛敗給承諾推出新政的富蘭克林・小羅斯福（Franklin D. Roosevelt）。

羅斯福新政

羅斯福透過證券清算以及翻新和建造設施的大革新計畫，為無業人士創造工作機會。他定期的「爐邊談話」電台節目也有助穩住情勢，但一直要到第二次世界大戰之後，美國才得以重拾景氣。

獨裁者希特勒

ADOLF HITLER

20 世紀崛起的眾多恐怖獨裁者中，或許要屬希特勒的名字最令人聞之色變。
他想當藝術家未成，最後竟成了大屠殺者。

時間軸

- **1889 年 4 月 20 日**：出生於奧地利的因河畔布勞瑙（Braunau am Inn）小鎮。

- **1903 年**：申請維也納藝術學院未錄取。

- **1914 年**：第一次世界大戰時懷著滿腔熱血加入德軍。

- **1918 年**：對投降德國的德國及威瑪政府深惡痛絕，加入反猶太的德國工人黨，成為國族主義的一員。

- **1921 年**：風靡全場的演說讓他掌握黨派大權。

- **1923 年**：帶領衝鋒軍闖入一家啤酒館後，被判處 5 年無期徒刑，實際服刑了 9 個月。

- **1925 年**：《我的奮鬥》出版。

- **1933 年**：成為德國總理。

- **1934 年**：在長刀之夜（Night of the Long Knives）中，數百名政敵遇刺，他得以獨攬眾權。

- **1935 年**：〈紐倫堡法案〉（Nuremberg Laws）通過，剝除猶太等「劣等」民族的一切權利。

- **1938 年**：開始擴張版圖。

- **1939 年**：納粹勢力攻入波蘭，後續攻占歐洲多處。

- **1945 年**：蘇聯軍攻入柏林。希特勒和情人伊娃·布勞恩（Eva Braun）結婚，其後夫妻倆在 4 月 30 日服下氰化物自殺。

仇恨的根源

居住在維也納時，希特勒受到當地市長卡爾·呂格（Karl Lueger）的反猶太政策感召。

小鬍子

在索姆河戰役中負傷後，希特勒在養傷時期開始蓄起他的招牌鬍子。

卍字標記

這個古老的印度符號表示「如意」，在西方世界原是流行的吉祥符號，後來被納粹人士奪去使用。

《我的奮鬥》

Mein Kampf

希特勒的著作充滿著反猶太、推崇國族主義的激昂情緒，宣揚軍事擴張、殲滅「血統不純」的民族，並推行獨裁政權。此書非常熱賣。

黨衛軍

德文「Schutzstaffel」，簡稱「SS」，指的是希特勒用來進行恐怖統治的準軍事部隊。

納粹黨得票率

1928 年選舉：**2.6%**

1932 年選舉：**37 %**

美國總統小羅斯福

FRANKLIN D. ROOSEVELT

富蘭克林·德拉諾·小羅斯福（Franklin Delano Roosevelt）上位之時面臨混亂時局。
他以務實手腕和所謂的「爐邊談話」引領美國度過經濟大蕭條和第二次世界大戰。

時間軸

- **1882年1月30日**：出生於紐約的海德公園。
- **1900年**：錄取哈佛大學。
- **1905年**：和遠房親戚愛蓮娜·羅斯福（Eleanor Roosevelt）結婚。
- **1910年**：在紐約州參議院拿下眾人口中「穩輸的」的民主黨議員席次。
- **1913年**：獲任海軍部長。
- **1914年至1918年**：第一次世界大戰中，統籌海軍效率極佳而備受肯定。
- **1921年**：小兒麻痺病發，雙腿失能。
- **1928年**：當選紐約州州長，在1930年再度勝選。
- **1931年**：創立聯邦緊急救援署（Temporary Emergency Relief Administration，FERA）。
- **1932年**：以壓倒性的勝利當選美國第32屆總統，開始實行羅斯福新政。
- **1935年**：推行第二波羅斯福新政。
- **1936年**：連選連任，蟬聯第2次總統。
- **1940年**：連選連任，蟬聯第3次總統。
- **1941年**：珍珠港（Pearl Harbor）受襲擊，使美國加入第二次世界大戰。
- **1944年**：連選連任，蟬聯第4次總統。
- **1945年4月12日**：逝於喬治亞州的熱泉區。

羅斯福新政

小羅斯福以實驗性質的製造就業機會方案和金融改革，來幫助美國百姓度過經濟大蕭條時期。他受到被稱為「智囊團」（Brains Trust）的幕僚輔佐。這項方案包含大範圍的建造工程，含建築物、道路、橋梁和機場，另外也有保育及文藝企劃。

公共水電設施

建造水力發電大壩讓數千人有了工作，並且提供廉價電力給更廣大的民眾。其他創造就業的計策包含造林和水土保持。

無線通訊

羅斯福在知名的「爐邊談話」中，用純熟的電台節目廣播技巧穩定民心，讓大家相信一切情勢都在他的掌控之下。

5	**4次**
小羅斯福是第26任總統狄奧多·老羅斯福的第五層旁系血親。	小羅斯福擔任的總統次數，且是當選超過2段任期的唯一一名美國總統。
1,300萬名	**210萬名**
小羅斯福就任時的失業人數。	1935年至1941年間的羅斯福新政中，每月平均雇用的建造工人人數。

西班牙內戰

SPANISH CIVIL WAR

從軍事叛變逐步爆發的西班牙內戰，是歷史上一大慘烈戰事。

📅 **時間**：1936年7月18日至1939年4月1日

📍 **地點**：西班牙

🌐 **參戰方**：西班牙共和軍 VS 叛變的國民軍

✝ **死亡人數**：數字僅是粗略估計，但可能達上百萬人

✖ **結果**：弗朗西斯科‧佛朗哥將軍（General Francisco Franco）引領國民勢力實施獨裁政權

時間軸

1936年

● 2月：左翼黨派聯合勢力在西班牙普選中險勝右翼軍人勢力。

● 7月：佛朗哥將軍發起軍變後，國民軍開始接管西班牙。

● 10月：馬德里（Madrid）受國民軍圍城。

1937年

● 3月8日至3月27日：左翼共和軍將國民軍逼退至瓜達拉哈拉（Guadalajara），但馬德里仍未脫離險境。

● 4月26日：佛朗哥轟炸格尼卡（Guernica），奪去上千人性命；他的軍力占領馬拉加（Malaga），但共和軍將他驅離馬德里。

1938年

● 3月16日至3月18日：巴塞隆納（Barcelona）受嚴重轟炸。

1939年

● 3月28日：佛朗哥進軍馬德里。

● 4月1日：佛朗哥稱勝。

事件背景

經濟大蕭條重創西班牙，挨餓、無業的民眾找不到指責的對象。

共和軍勢力分裂，有溫和派，也有意圖消滅政府派。國民軍則訴諸眾人普遍對共產黨的恐懼，指控共和軍的「紅色分子」（reds）脅迫既有價值和基督宗教。

國民軍	共和軍
擁戴者主要是：	成員較多元，包含：
・地主	・外國志願者
・商人	・市區工人
・軍方	・勞工
・天主教堂	・中產階級

納粹軍

希特勒和墨索里尼在金錢和軍事上援助叛變的國民軍，蘇聯則是支援共和軍。

領袖

於叛軍出身的軍事獨裁者佛朗哥將軍，自封為「領袖」。

奧林匹克運動會的種族爭議

1936 OLYMPIC GAMES

現代奧運會首次遭逢抵制行動，是在 1936 年因人權迫害問題而起。
儘管阿道夫‧希特勒承諾不用這場賽事來做政治宣傳，但他還是不折不扣地宣揚了納粹理念。

📅 時間：1936 年 8 月 1 日至 8 月 16 日

📍 地點：柏林

📓 參賽國：49 國

🏃 參賽運動員：4,000 名

👟 競賽數：129 項

德國在希特勒掌權兩年後，於 1931 年取得奧運主辦資格。

「雅利安種族至上」
Aryan perfection

納粹的政治宣傳中，提倡「雅利安」優越的迷思，推崇具備「正確」特徵民族的理想體態。

醞釀不滿情緒

1933 年 4 月，所有德國體育組織採納僅限雅利安身分的政策，將猶太或羅姆（Roma）後裔排除在外。不符合納粹理想的運動代表，遭撤除隊籍。

抵制

世界各地傳出抵制呼聲。希特勒在同意減弱政治宣傳，並且讓猶太人出賽後，賽事才得以繼續舉辦。

德國隊在必須任用猶太人的輿論壓力下，只派出一名猶太人，也就是擊劍選手海倫娜‧梅爾（Helene Mayer）。她也被要求同其他德國獲勝選手行納粹禮。

民眾的奧運會

眾多抵制官方奧運的人士，支持另辦替代式奧運會，此賽事原定在巴塞隆納舉辦，但因西班牙內戰爆發而取消。

傑西‧歐文斯
Jesse Owens

非裔美籍的選手歐文斯，在競賽中獲得最成功的戰績，證明希特勒說法錯誤。他是首次在單場奧運中奪下 4 面田徑金牌的美國人。

《奧林匹亞》 *Olympia*

1938 年，製片人萊妮‧里芬斯塔爾（Leni Riefenstahl）釋出他用來為納粹政權做宣傳的紀錄片《奧林匹亞》。

德國在奧運會展現了和善的一面，但只過 3 年，德軍就於 1939 年 9 月 1 日攻打波蘭。

1936 年奧運會相關數據

800 名羅姆人
於 1936 年 7 月 16 日在柏林遭拘捕，並關押在馬爾燦（Marzahn）郊區。

9 名
猶太選手摘金。

348 名
選手來自納粹德國。

312 名
運動員來自美國，包含 18 名非裔美國人。

興登堡號飛船空難事件

HINDENBURG DISASTER

1937 年 5 月 6 日,晚間 7 點 25 分,興登堡號飛艇在降落紐澤西州之際爆炸,化為熊熊烈火。

LZ 129 興登堡號:歷來體積最大的硬式飛艇

最高速度:78英哩╱小時(mph)

設計構造:齊柏林飛艇型

起火原因:大氣電場變化和氫氣洩漏

起飛:1936 年 3 月,於德國腓特烈港
(Friedrichshafen)起飛

機上設施

- 72 個位於暖氣機艙內的乘客床位
- 用餐室
- 休息室
- 寫作室
- 酒吧
- 吸菸室
- 漫步長廊

飛艇原本應填充惰性氣體和氦氣,但卻充了高度易燃的氫氣。

興登堡號先前多次順利航行,運載數千名乘客往返德國和美國。

1936 年 8 月 1 日,興登堡號飛越柏林奧林匹克運動場上空。

納粹政治宣傳

此飛艇先前也在紐倫堡黨代會中現身,上頭塗裝漆有 卐 字符號。

電台播音員

WLS廣播電台的播報人員赫伯·莫瑞森(Herb Morrison),將紐澤西的事故實況現場播報給數萬人收聽。他驚恐呼嘆出的那聲:「噢,可憐的人!」(oh, the humanity!)觸動了全世界的人。

1937 年,搭乘興登堡號的單程票價為 450 美元(約等同現今的 7,800 美元)。

興登堡號災難讓以飛艇作為商業運輸用途的年代從此告終。

興登堡號相關數據

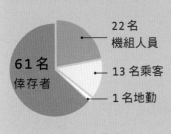

61 名
倖存者

22 名
機組人員

13 名乘客

1 名地勤

船上總共 97 人中,
有 36 人罹難。

約 200 英呎

飛艇起火時離地的距離。墜落時,有許多人跳機。

12 小時

強風來襲,以及等待風暴平息,導致航程延誤的時數。

4 間

新聞製片公司錄下第一場鏡頭捕捉到的大災禍。

34 秒

興登堡號延燒秒數。

第二次世界大戰
WORLD WAR TWO

在 1939 年至 1945 年期間的嚴重衝突中，少有國家立場保持中立。各國加入兩大陣營，
一是軸心國勢力，以德國、義大利、日本為主力；另一個則是同盟國，成員主要是英國、法國和美國。

📅 時間：1939 年 9 月 3 日至 1945 年 8 月 15 日

📍 地點：全世界

🚜 參戰方：軸心國 VS 同盟國

➕ 傷亡數：估計數量落差大，在 5,000 萬至 8,000 萬人之間

❌ 結果：同盟國獲勝

時間軸

● **1939 年 9 月 1 日**：希特勒侵略波蘭；英、法兩國在 9 月 3 日對德國宣戰。

● **1940 年**：德國以閃電戰陸續攻打比利時、荷蘭和法國，同盟軍在敦克爾克（Dunkirk）獲救而得以撤退。

● **1941 年**：希特勒意圖侵略俄羅斯，並且繼續轟炸美國城市；日本襲擊珍珠港使美國加入大戰。

● **1942 年**：日本占領新加坡，挾持約 25,000 名俘虜；奧斯威辛等集中營開始大屠殺。

● **1943 年**：德國在史達林格勒（Stalingrad）吃下第一場大敗仗；同盟國攻入義大利，德國繼續作戰，英國和印度在緬甸對戰日本。

● **1944 年**：諾曼第登陸作戰日中，同盟軍攻入法國，解放巴黎；美國解放關島。

● **1945 年**：奧斯威辛受解放；蘇聯部隊進入柏林；希特勒自盡；德國在 5 月 7 日投降。美國在廣島和長崎投下原子彈；日本在 8 月 14 日投降。

打假仗

1939 年戰鼓打響後，歐洲卻有一陣子都沒有動靜，雙方開始整備軍裝。

閃電戰

在「迅如閃電」的戰術下，西歐城市受嚴重轟炸。同盟國也還以顏色，空襲德國的柏林、德勒斯登（Dresden）等城市。

政治宣傳

大戰中雙方都使用政治宣傳手段，包含空投傳單和海報。阿道夫·希特勒、溫斯頓·邱吉爾（Winston Churchill）和小羅斯福等風采獨具的領導人，使用新聞短片、電台廣播等現代媒體來鼓舞士氣和攻訐敵方。

空襲造成的死亡數
德國：543,000 人　英國：60,400 人
死亡軍人：一戰 95%、二戰 5%
死亡平民：一戰 33%、二戰 67%

軸心勢力對上同盟勢力
支持德、日、義的國家，與美、英、法、蘇等 50 多國的同盟勢力對陣。

恩尼格瑪密碼破解任務
CRACKING THE ENIGMA CODE

第二次世界大戰中，一大致命危機是德國鎖定運載供給品至英國的商船。
在破解 U 型潛艇密碼之前，無從進行監聽。

 機構：政府密碼破譯學校（Government Code and Cypher School）

 地點：英國米爾頓凱恩斯（Milton Keynes）城鎮附近的布萊切利園（Bletchley Park）

✉ 任務：破解恩尼格瑪密碼

📅 時間：1939 年至 1946 年

突破

1941 年 5 月 9 日，從捕獲的德國 U 型潛艇 U-110 上，奪得加密本和恩尼格瑪密碼機。

何謂恩尼格瑪密碼機？

恩尼格瑪是在 1920 年代發明出來的自動訊息亂碼處理器。在輸入訊息的同時，恩尼格瑪會用多層不斷變化的加密方式做掩藏，以便用摩斯密碼傳輸。每日午夜還會再換一次密碼。

布萊切利的木造小屋城鎮內有數千名研究員與技術工，大家並不曉得彼此所做的事。因為不能交流工作相關的話題，眾人於是參與各式各樣的社交活動。

第 8 號小屋
Hut 8

包含數學家艾倫·圖靈（Alan Turing）等人在內的小組，發明了一台名為「炸彈機」（bombe）的機械式解碼工具，能用比人類迅捷的速度篩檢可能出現的常見用詞。

「巨物」（Colossus）是世界上首台可實際使用的數位資訊處理計算機，於 1944 年由湯米·佛勞斯（Tommy Flowers）所建造而成。

10,000 名

1945 年，布萊切利園的工人數量，以女性為主。

「海豚」
恩尼格瑪密鑰原本的代號

更換後改稱
「鯊魚」

敦克爾克大撤退
EVACUATION OF DUNKIRK

1940 年 5 月，勇猛的「小船隊」救援遭圍困於敦克爾克岸灘上的同盟國聯軍，
成就一筆能大做政治宣揚用的功績，但也為此名留青史的事件付出慘痛代價。

發電機作戰行動相關數據

8,000 名
首日獲得救援的軍人數。

338,226 名
獲救部隊人員總數。

140,000 名
法國、波蘭及比利時軍獲救
部隊人員數。

事件背景

英國遠征軍被迫撤至法國北部的城鎮敦克爾克時，對能獲救的可能性未抱持太大期望，而前往救援的軍力也同樣沒有把握。

發電機行動（Operation Dynamo）是個艱困的挑戰。海軍中將伯特倫·拉姆齊（Bertram Ramsay）必須聚集一干驅逐艦，外加任何可取得的支援。

部分軍力在陸地上迎戰德國，而英國皇家空軍與納粹德國空軍凌空交戰，陸軍則像是在等車般列隊。許多人從敦克爾克防波堤一處撤離。

隔週，數千兵力獲救，有些船隻航程驚險，載運到最上限，且面對德軍如雨下的槍林彈雨襲擊。

有限的成功

超過236輛船艇和數千人，包含蘭開斯特里亞號（Lancastria）戰艦沉入海中，奪去 3,500 條性命。

約有140,000名英軍兵力留在法國，他們遭捕或迫降而被送入軍營當俘虜。7月4日，納粹軍攻陷敦克爾克。

現代人仍把「敦克爾克精神」當作面對逆境的同義詞。

5月26日星期日，933 艘船舶中第一批離開肯特郡（Kent）拉姆斯蓋特（Ramsgate）的大小船隻包含：

更多艘是由民間船東所駕駛。

- 渡輪
- 輪槳船
- 近岸輪
- 動力汽艇
- 拖船
- 休憩船
- 平底荷蘭駁船
- 漁船
- 救生艇
- 私人遊艇

珍珠港事件
ATTACK ON PEARL HARBOR

美國設於南太平洋偏遠小島的海軍基地，面臨突如其來的偷襲而受到兩小時的轟炸，
自此多國交戰的衝突演變成世界大戰。

📅 **時間**：1941 年 12 月 7 日的星期日

📍 **地點**：夏威夷的歐胡島（Oahu）

💣 **參戰方**：日軍 VS 美軍

➕ **傷亡數**：美國將近 2,500 人喪命、1,000
受傷；日本 64 人身亡、1 人遭俘虜

✖️ **結果**：美國加入第二次世界大戰

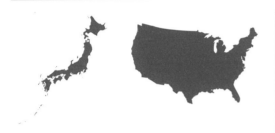

事件背景

多年來，日本和美國之間互別苗頭。美國擔憂
日本勢力擴張到中國，因此對其施加嚴厲制裁。

日本意圖威嚇美國，消滅可能動搖日本在南太
平洋地位的艦隊。

襲擊經過

07:55 日本 353 架戰
鬥機籠罩珍珠港上
空，將顆顆炸彈投
擲於防禦相對較不
森嚴的基地。

08:10 一顆炸彈擊
中美國海軍亞利
桑那號戰艦（USS
Arizona），穿過甲板
而落入火藥庫。

此船艦爆炸而沉沒，
共計 1,177 人遇難。

08:54 第二波襲擊開
始。

2 小時過後，美軍基
地的每艘船艦都遭
嚴重毀損或是擊沉。

不幸中的大幸

美國船艦的航空母艦未停泊在基地，因而幸運
逃過一劫。

美國震怒

1941 年 12 月 8 日，小羅斯福總統在氣憤群眾的
支持下，要求國會對日本宣戰。

12 月 11 日，日本盟軍中的義大利和德國也對美
國宣戰。此後第二次世界大戰火爆展開。

二戰中的爵士之聲
GLENN MILLER: THE SOUND OF WORLD WAR TWO

歐洲在戰亂中烽火不斷之際，透過無線電裝置和電影劇院，使美式音樂進入煩悶且受制於配給制度的 1940 年倫敦。葛倫‧米勒少校所率領的爵士大樂團是當中的佼佼者。

誕生：1904 年生於愛荷華州

樂器：長號

首創大樂隊：1937 年

逝世：1944 年，戰時失蹤

背景

爵士音樂在 1930 年代趨於成熟，由班尼‧固德曼（Benny Goodman）、亞提‧蕭（Artie Shaw）、湯米‧多西（Tommy Dorsey）、貝西伯爵（Count Basie）和艾靈頓公爵（Duke Ellington）等人率領的樂團立即引領風潮。

英國也有自己的舞曲樂團，好萊塢則是讓爵士大樂團（Big Band）成為巨星。

搖曳舞步

這名美國大兵帶來的新舞步熱潮讓英國人感到震撼而驚豔。六步「吉魯巴」（jitterbug）舞步快速，在狂野中帶有性感。

非凡樂音

米勒獨特的樂音包含用薩克斯風和單簧管共奏出旋律，而長號則在背景加上「訴說故事」般的聲響。

美國軍隊

1942 年，米勒受到美軍徵召，受任為空軍樂隊。他將行軍節奏，巧妙搭配上大樂隊的藍調曲來加強軍隊氣勢。

拍片

樂團在 1941 年《太陽谷小夜曲》（Sun Valley Serenade）和 1942 年《賢妻樂坊》（Orchestra Wives）兩部好萊塢電影中演出。他們還推出音樂短片，安德魯斯姊妹（Andrews Sisters）和聲樂團也參與其中。

悲劇

米勒在 1944 年從英格蘭飛向法國的巴黎時離奇失蹤，讓他的名聲不降反升。他的樂團繼續大賣數百萬張大碟。

1954 年，詹姆斯‧史都華（James Stewart）主演的電影《葛倫米勒傳》（Glenn Miller Story），經過大幅改編，翻拍了這名樂團領袖的人生經歷。

米勒在戰爭期間的熱門樂曲

〈月光小夜曲〉
（Moonlight Serenade）

〈查塔努加，嘟嘟〉
（Chattanooga Choo-Choo）

〈正對味〉
（In the Mood）

〈美國巡邏兵〉
（American Patrol）

〈賓州六五〇〇〇〉
（Pennsylvania 6-5000）

〈晚宴服〉
（Tuxedo Junction）

〈珍珠串〉
（A String of Pearls）

〈聖路易斯藍調行軍曲〉
（St. Louis Blues March）

諾曼第登陸
D-DAY LANDINGS

1944 年，經過數個月的最高機密策畫，「大君主行動」（Operation Overlord）實行，
讓第二次世界大戰進入最後階段。

時間：1944 年 6 月 6 日

地點：法國的諾曼第海灘
（Normandy beaches）

同盟軍最高總司令：德懷特‧艾森豪
（Dwight D. Eisenhower）將軍

同盟陸戰區司令：陸軍元帥伯納德‧勞‧
蒙哥馬利（Bernard Law Montgomery）

時間軸

00:00 在「泰坦尼克作戰行動」
（Operation Titanic）中，投下
數百名假人傘兵來轉移敵方注意
力。

00:10 首批真正的傘兵部隊躍
下。

01:20 海軍開始襲擊。

02:00 首批轟炸機離開英國。

02:51 美國船艦開始放下船錨。

04:00 聖梅爾埃格利斯（Sainte-
Mère-Église）成為第一個獲得
解放的城鎮。

05:30 同盟軍開始轟炸海灘。

06:00 英國國家廣播公司（BBC）
向諾曼第民眾廣播，警示他們尋
求掩護。

事件背景
1943 年，雙方都知道同
盟軍即將攻入，但鮮少
人曉得確切的時間點、
位置和進攻法。

堅忍作戰行動
政府不實消息、假戰機
和冒牌火炮，讓敵軍以
為會從別區法國岸灘或
是挪威進攻。

灘頭
陸戰部隊從5座代號分
別為猶他（Utah）、奧
馬哈（Omaha）、朱諾
（Juno）、黃金（Gold）
和寶劍（Sword）的灘頭
著陸，搶灘氣勢如虹。

古斯塔夫 Gustav
英國皇家空軍的軍鴿，
負責在電台無訊號時傳
遞情報，其後獲頒迪金
勳章（Dickin Medal）。

06:40 德軍抵抗的火力加強。

08:20 搜救部隊進軍至岸邊；
風笛手比爾‧米林（Bill Millin）
在戰場上吹奏〈高地少年〉
（Highland Laddie）。

09:05 阿道夫‧希特勒認定真
正的侵入點應於他處。

12:07 溫斯頓‧邱吉爾向眾
議院發言。

13:00 BBC 正式廣播消息。

21:00 喬治六世（George VI）
國王對全國民眾發表演說。

23:59 159,000 名同盟兵力設
立進攻營地；歐洲等待受解
放。

解放奧斯威辛集中營
LIBERATION OF AUSCHWITZ

納粹所建造出的集中營當中，奧斯威辛集中營是規模最大的。
蘇聯軍隊進入此營時，見識到了前所未聞的駭人景象。

📅 時間：1945年1月27日

📍 地點：奧斯威辛，位在波蘭克拉科夫城
（Krakow）西方3英哩處

🏭 奧斯威辛：集中營、屠殺區及強迫勞動
營地

💬 格言：「勞動帶來自由」

✕ 後續發展：籌組國家委員會，以徹底揭
露營中驚駭手段

解放前夕

聽聞蘇聯軍隊迫近，黨衛軍（SS）開始撤離營區。
他們意圖隱匿行蹤並摧毀毒氣室和火葬場。

6萬名男性、女性和孩童被迫行赴30英哩外的沃
茲斯瓦夫（Wodzislaw）。超過1.5萬人死於飢
餓、毒氣或是因落後隊伍而遭射殺。

解放

蘇聯紅衛軍（Red Army）
發現將近3,000名遭禁者
因病弱難行而被留在此處，
有人差點慘遭餓死，有人
已然死亡，也有人奄奄一
息。這些人主要是猶太人，
但也有因政治因素或同性
戀性向而遭捕的，或是愛
爾蘭遊居者。

軍隊的其他發現

· 7噸人類毛髮
· 人類牙齒，上頭鑲嵌的金質補料遭挖除
· 數千件孩童衣物

倖存者事蹟

裘瑟夫·帕欽斯基（Jozef Paczynski）是在1940
年6月被關押於奧斯威辛的波蘭政治犯。他擔任
集中營司令魯道夫·豪斯（Rudolf Höss）的私人
理髮師。他在營中留活時間超過4年半，後來受
到美軍解放，最後在94歲時辭世。

6,000名	**400萬人**	**100萬名至 150萬名**
毒氣室每日可能遇害人數。	1940年至1945年間，送入奧斯威辛集中營的估計人數。	集中營遇害估計人數。

歐戰勝利日

VE DAY

歐洲戰場獲勝當日，將近 6 年來摧殘歐洲的大戰終於告一個段落。世界各地為此歡騰慶賀。

 　時間：1945 年 5 月 8 日

時間軸

4 月 30 日：阿道夫·希特勒自盡而亡。

5 月 4 日：英國陸軍元帥蒙哥馬利在荷蘭、德國西北方及丹麥接受德國無條件投降。

5 月 7 日：艾森豪將軍接受德國殘餘軍力無條件投降。

BBC 新聞快報宣布隔日訂為國定假日；報社也停下手邊工作來準備特刊。

5 月 8 日：邱吉爾在下午 3 點整對全民發表演說；王室八度在陽台上亮相；王室中的伊莉莎白公主和瑪格麗特公主兩姊妹私自潛入群眾中一同慶賀。

希望已經醞釀好一段時間，英國人也引頸期盼等待可鬆下一口氣的時刻。

迫不及待

有些人立刻開始慶賀，點燃營火、手舞足蹈和在酒吧中狂歡。

供貨

英國首相溫斯頓·邱吉爾多預備了額外的啤酒存量，且民眾不用配給券就能買到紅白藍三色三角旗。

慶祝

英國

舉辦了感恩節慶典活動、遊行和特別著名的街頭派對。民眾在街上隨著留聲機和手搖風琴的聲響舞動身體。

美國

勝戰日因小羅斯福總統近期死訊而蒙上陰影，但在紐約街道，特別是時代廣場，仍有群眾狂舞。

巴黎

剛獲解放時，據稱人潮使路上寸步難行。

因時差緣故，紐西蘭的勝戰日於 5 月 9 日舉辦。

現實狀況

歐戰勝利紀念日不等於第二次世界大戰結束。要等到 8 月 15 日，於抗日勝戰紀念日（VJ Day）擊敗日本，才真正迎來和平。此時許多人已痛失摯親，且英國的配給制度還會一直延續到 1954 年為止。

廣島原爆

HIROSHIMA

在廣島當地時間 1945 年 8 月 6 日 8 點 16 分時，美國 B-29 型轟炸機艾諾拉蓋伊號（Enola Gay），
於上空投下世界上第一枚原子彈，其名為「小男孩」（LittleBoy）。

約 290,000 名

大爆炸前，
居住於廣島的人口數。

20 名

廣島市區 200 名醫師
中，當時能執行醫治任
務的人數。

小倉和長崎

如遇霧靄，
這兩處即為
轟炸的備案地。

60,000 至
80,000 名

日本民眾當場斃命，
另外數千人於幾個月
或幾年後死亡。

事件背景

日本不斷受傳統炸彈轟炸，
卻未顯露降服的跡象。美國
總統哈瑞·杜魯門（Harry S.
Truman）認為只有兩條路可
走：1. 以沒落行動（Operation
Downfall）*大舉攻入日本。2.
投擲原子彈。

當下狀況

目擊者表示看見一道眩目
的閃光，接著聽到迴響
的巨大轟隆聲。最初的爆
炸極為強力，使人當場遭
焚死，留下詭譎怪異的殘
影。許多未死於這波爆炸
者也葬身於其後引發的數
百叢火團中。

曼哈頓計畫

美國政府擔憂納粹勢力開發核
彈，因此己方也開始研發軍用的
核分裂技術。

為何選中廣島？

這座傳統港口是日本供應鏈的
一環，且尚未經歷過轟炸。杜
魯門需要一個「完整」的地點，
來展現原子彈所能釋放出的破
壞力。

後續發展

勝仗遊行的隊伍舉起投下原
子彈的空軍准將保羅·蒂貝
茨（Paul Tibbets）和他的
隊友，在紐約市遊行，但要
等到第二枚原子彈「胖子」
（Fat Man）投擲到長崎後，
日本才終於投降。

廣島受轟炸後，有一座圓頂
的展示廳建築留存下來，現
今列管為和平紀念物。

*包括奧林匹克行動（Operation Olympic）和小王冠行動（Operation Coronet）。前者目標是占領九州島南部約
三分之一左右的領土，使之與已經占領的沖繩成為下一步進攻的主要基地。後者目標直指迫近東京的關東平原，
預計佔領的九州機場則為行動提供機降補給。

美蘇冷戰
COLD WAR

雖然美國和蘇聯在第二次世界大戰中並肩迎戰共同敵人，但兩國政治企圖各異其趣。
大戰一結束後，兩國便開始互相猜忌。

美國人忌憚共產主義；他們見識到蘇聯領導人約瑟夫·史達林（Joseph Stalin）的恐怖統治手段，擔憂蘇聯勢力擴張會擾亂世界秩序。

美國拒絕讓蘇聯參與國際社會，蘇聯對此憤恨難平。

時間軸

- **1947年**：哈瑞·杜魯門對美國國會宣布意圖支持「抵抗征服者的自由民族」，換言之，反對共產主義擴張。

- **1950年至1953年**：韓戰。

- **1962年**：古巴飛彈危機（Cuban Missile Crisis）。

- **1972年**：尼克森（Nixon）總統採行緩和政策來減緩核武戰爭的威脅。

- **1983年**：雷根（Reagan）總統再度讓冷戰情勢加劇。

- **1985年**：米哈伊爾·戈巴契夫（Mikhail Gorbachev）總理實行的開放與經濟改革政策，開始顯露出改變之象。

- **1989年**：柏林圍牆倒塌，冷戰告終。

雙方都擁有原子彈，使得冷戰時期險象環生。情勢冷卻後，開始核武競賽。

氫彈　1952年，氫彈在埃內韋塔克環礁（Enewetak Atoll）上進行首次試爆，產生25平方英哩的火球，將整座島化成灰燼。

求生存

人心惶惶的美國民眾在家裡後院建造輻射庇護所，並囤積供給品，孩童則在學校做核彈演習。

1億美元
國會編列來建造防空洞的預算。

太空競賽

兩國有機會進行太空探索時，非常重視制空範圍的實力以及潛在軍事運用。兩國爭相要搶先將人送上外太空。

史普尼克 Sputnik

第一顆人造衛星於1957年10月4日發射，即蘇聯史普尼克一號（*Sputnik 1*），Sputnik意指「旅伴」。

後繼的**史普尼克二號**（*Sputnik 2*）於1957年11月3日發射，上頭承載了名為萊卡（Laika）的狗，成為第一隻進入太空的活體生物。

毛澤東與中國共產黨

CHAIRMAN MAO AND COMMUNIST CHINA

提到中共，就不免令人聯想到毛澤東，他是農民出身的革命分子，後轉變為風格獨具的領導者。

時間軸

- **1893 年 12 月 26 日**：出生於中國湖南省的韶山村。

- **1921 年**：成為中國共產黨的創黨成員之一。

- **1927 年**：國民黨掌控中國北方，毛澤東則退至東南方。

- **1934 年**：帶領共軍向西轉移，自稱為「長征」。

- **1937 至 1945 年**：國共雙方合作抗日，其後又陷入國共內戰。

- **1949 年**：宣布成立中華人民共和國。

- **1958 年**：大躍進。

- **1966 年**：文化大革命。

- **1967 年**：以戒嚴來重新掌權。

- **1976 年 9 月 9 日**：於北京逝世。

長征

毛澤東率眾跋涉 **6,000 英哩**，在中國西北方建立根據地，以避國民黨軍。

毛澤東統治下的中國

各行業收歸國有，農田整編為集體耕地。不論男女和孩童，所有人都穿上毛澤東式的「中山裝」。

大躍進

毛澤東想要動員大眾來加強生產，卻是弄巧成拙。加上農作物歉收，因此爆發經濟危機、饑饉和死亡潮。

無產階級的文化大革命

毛澤東將大躍進的失敗歸咎於社會中的「走資派」，**決定要肅清中國的資產階級**。具備準軍隊條件的紅衛兵攻擊長者和知識分子、沒收地產，並且蹂躪、焚燒和摧毀珍貴的文物。

約 **150 萬人死於文化革命**，且中國 2,000 年來的文化資產，一大部分就此付之一炬。

小紅書

毛澤東個人典範引起的崇拜熱潮，在《毛主席語錄》出版時達到最高峰。想在文化大革命期間活命，最好要擁有一本《毛語錄》來自保。

267 句
毛澤東在小紅書中寫下的格言數。

10 億冊
小紅書的印刷本數。

印度獨立
INDIAN INDEPENDENCE

在東印度公司統管下，印度面臨腐敗、暴力和苛稅問題。
英國政府在 1857 年取得直接掌控權，但印度人民尋求的是自立。

時間軸

- **1885 年**：印度國大黨成立。

- **1919 年**：阿姆利則（Amritsar）的錫克教徒（Sikh）屠殺事件引發眾人積怨。

- **1920 年**：甘地發起反英政府的公民不服從運動（非暴力不合作運動）。

- **1939 年**：印度受徵召出戰第二次世界大戰。

- **1940 年**：〈拉合爾決議〉被提出。

- **1942 年**：尼赫和甘地因發起「撤離印度」運動而遭到拘捕。

- **1946 年**：末任英屬印度總督蒙巴頓勳爵（Lord Mountbatten）受派將政權交還印度。

- **1947 年 8 月 15 日**：印度獨立獲准；巴基斯坦也同時脫離印度，造成數萬人喪命。

印度國民大會黨
Indian National
Congress，INC

聖雄甘地（Mahatma Gandhi） 和**賈瓦哈啦爾·尼赫（Jawaharlal Nehru）** 引領的國大黨，極力反對戰爭。

撤離印度

「撤離印度」是個公民不服從運動，秉持靈修中的非暴力和尋求真理的思想。

非暴力抗議活動包含：

- 罷工
- 購買印度本土製的衣物
- 自行製鹽（避免被課稅）
- 不服從英國法律

穆斯林聯盟

在穆罕默德·阿里·真納（Muhammad Ali Jinnah）引領下，此聯盟支持英國，希望能在戰後獲得優渥的補償金。他們擔心印度教徒為主的政府，因此提出〈拉合爾決議〉（Lahore Resolution），計畫將巴基斯坦建造成獨立的伊斯蘭國。

雖然甘地極力反對暴力，但許多擁護他的人士與其他宗教教徒爆發衝突。

戰後大英政府認為帝國主義成本高昂，因此想將印度脫手。政府認為最輕鬆的方式就是印巴分治。

印巴分治

受指派分割印度的英方人員從未親身踏入這片殖民大陸，僅一次乘坐飛機飛越上空。這片土地大略可分為印度教和穆斯林兩派，但也有上千名錫克教徒陷於兩派之間。

1,700 萬人

受困於「錯誤」國家的錫克教徒、穆斯林和印度教徒人數。

100 萬人

印度獨立日起的首年，死於暴力的人數。

聖雄甘地

MAHATMA GANDHI

身為 20 世紀知名歷史人物「印度之父」的甘地，在印度爭取獨立的暴亂困境中，
是名推崇非暴力的重要領袖。

時間軸

1869年10月2日：生於印度的博爾本德爾邦，名為莫罕達斯·卡拉姆昌德·甘地（Mohandas Karamchand Gandhi）。

1888年：航行至英格蘭，於倫敦修讀法律。

1893至1914年：在南非擔任律師，並在當地創立和平抗爭策略。

1897年：在南非德爾班受一幫白人襲擊，但拒絕以暴制暴或起訴對方。

1906年：印度人在甘地的引導下，於約翰尼斯堡（Johannesburg）舉行大型抗議活動。

1920年：400名錫安教徒遭屠殺後，甘地重整印度國民大會黨並開始籌備印度脫離英國而獨立。

1922至1924年：因煽動暴亂罪名遭判6年刑期，服刑2年。

mahatma 的字面意思是「偉大的靈魂」，中譯為「聖雄」。

早年生活

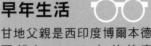

甘地父親是西印度博爾本德爾邦（Porbandar）的首席部長，母親篤信宗教。雖然甘地是印度教教徒，他於成長過程中也深受耆那教（Jainism）的影響，這是個特別倡導非暴力的宗教。

南非

甘地引領非暴力運動來抵抗南非的種族歧視。數百名印度人因此入獄，甘地也身處其中。他們遭到鞭笞，甚至有人遭槍擊，後來在甘地協調下才獲得短暫和平。

無所有

甘地抱持梵語「無所有」一詞的意念，因此拒絕物質、金錢和地產。平等精神則讓他接納所面臨的一切的福與難。

印巴分治

印度獨立後仍處分裂狀態，令甘地哀傷不已。他奮力想平息暴亂。

1930年：籌組鹽稅遊行，反抗英國施加重稅。

1931年：至倫敦參與會議，回程時遭逮捕。

1932年：發起絕食抗議。

1934年：辭去國大黨職位，為市區窮人爭取權益。

1939年：強烈反對第二次世界大戰。

1942年：發起「撤離印度」運動，要求英國撤出。

1945年：印度獲准獨立，但內部分裂。

1948年1月30日：遭印度教狂熱者刺殺。

60,000 人
鹽稅遊行後遭監禁的人數。

韓戰

KOREAN WAR

第二次世界大戰結束後，先前被日本占據的韓國三年戰役期間南北分裂，也造成數千人死亡。

📅 **時間**：1950年6月25日至1953年7月27日

📍 **地點**：以韓國北緯38°為界

🪖 **參戰方**：北韓 VS 南韓

➕ **傷亡數**：估計數目差異甚大。聯合國估計死亡人數為300萬名韓國人、90萬名中國人，以及33,629名美國人。其餘國家死亡數目為數千名

❌ **結果**：韓國維持分裂狀態

時間軸

38°

1945年：韓國沿著北緯38度來區分南北。

1948年：立場為反共的大韓民國於韓半島南方成立，獲得美國政府支持。

在韓國北方，共產主義的金日成宣布朝鮮民主主義人民共和國成立，受到蘇聯支持。

1950年
6月25日：北韓軍攻入南韓。

6月27日：聯合國安全理事會通過〈八十三號決議〉（Resolution 83），號召成員國增援南韓軍。

潛藏的敵人

天候也是士兵要力抗的對象。嚴寒冬日、酷熱夏日和災害不斷的雨季奪去不少人的性命。

戰俘

超過1,000名聯合國戰俘處境艱困，受酷刑對待且飽受飢餓。

聯合國軍力含：

美國·英國·澳洲·加拿大·紐西蘭·荷蘭·土耳其·菲律賓·法國·印度

政治宣傳

雙方都進行政治宣傳，但最主要的發送者是中國，他們發送傳單、旗幟、卡片和贈品。其中瓷製和平鴿更是受到士兵爭相收藏。

9月15日：美軍第十團（X Corps）登陸；數日後收復首爾。

10月25日：中國加入戰局。

1951年
1月4日：中國再度攻占首爾。

3月14日：首爾再度受到聯合國軍收復。

7月10日：停火談判開始，但敵意未減。

1953年
7月27日：達成停戰協議，但韓國仍持續南北分裂。

攻頂聖母峰
CONQUEST OF EVEREST

數千年來，大家都認為人類不可能攀登至地球最高峰的巔頂。
1953 年，兩個人推翻了這個觀點，但若無大型團隊的協助，他們可能也會以失敗收場。

時間軸

5 月 29 日：29,029 英呎，希拉里和丹增自上午 11 點 30 分起，在峰頂停留 15 分鐘

5 月 21 日：26,000 英呎，進入供氧不足的「死亡區」

5 月 20 日：24,500 英呎

5 月 17 日：24,000 英呎

5 月 4 日：23,000 英呎

5 月 3 日：22,000 英呎

5 月 1 日：21,300 英呎

4 月 22 日：20,200 英呎

4 月 15 日：攀登者抵達 19,400 英呎處

4 月 12 日：於 17,900 英呎處紮營

1953 年 3 月 10 日：探險隊啟程

團隊

約翰 · 杭特上校（Colonel John Hunt）率領的隊伍，成員包含 **11 名英國登山員**、**2 名紐西蘭人**、**20 名雪巴族**（Sherpa）嚮導、**362 名搬運工**、1 名《泰晤士報》的特約記者，以及一群犛牛。

從加德滿都（Kathmandu）出發，攜帶 **10,000 磅**的補給品。

攻頂者

埃德蒙 · 希拉里
Edmund Hillary
生於 1919 年，卒於 2008 年
紐西蘭人

丹增 · 諾蓋
Tenzing Norgay
生於 1914 年，卒於 1986 年
尼泊爾人

英國攀登者湯姆 · 布爾迪倫（Tom Bourdillon）和查爾斯 · 埃文斯（Charles Evans）獲選最後攻頂人選，但因體力耗竭而被迫折返。隔日，兩名非英國籍人士成功攻頂。

消息傳回英國，趕上在女王伊莉莎白二世（Elizabeth II）加冕的 7 月 2 日當天早晨宣布。這個獨家報導是《泰晤士報》最後一條要交由播報員轉播的加密訊息。

英國女王伊莉莎白二世加冕
CORONATION OF ELIZABETH II

1952 年 2 月，國王喬治六世逝世，其女伊莉莎白繼位成為女王。
她在 1953 年的加冕儀式，為飽受戰火摧殘的國家開啟了新的篇章。

📅 時間：1953 年 6 月 2 日　　✉ 活動長度：將近 3 小時　　⌛ 賓客代表國家：129 國

🕐 賓客：8,251 人　　🌐 起始時間：上午 11 點 15 分

伊莉莎白並非出生就註定將繼任王位。伯父愛德華八世（Edward VIII）退位，讓她父親成為國王。此後王室成員在第二次世界大戰的作為深得人民愛戴。

電視

伊莉莎白加冕儀式創下首次在電視播放的記錄。多數人並未擁有電視機，但當期待值達到最高點時，電視機銷售一空，左鄰右舍全聚集在一台電視機前收看。

街頭派對

延續第二次世界大戰的風潮，眾多人民舉辦街頭派對。英國仍相當仰賴配給制度，但每家戶可多領取 1 磅的糖和 4 盎司的瑪琪琳奶油。長餐桌用紅、白、藍三色作裝飾。

典禮

坎特伯里大主教（Archbishop of Canterbury）於西敏寺主持典禮，此處是 9 百年來英王的加冕儀式舉辦會場。伊莉莎白將成為第 39 任獲加冕的君王（第 6 任女王），她身著白綢裙，上頭鑲著聯合王國和大英國協的徽章，服裝設計師為諾曼·哈特奈爾（Norman Hartnell）。

加冕相關數據

 7 小時 BBC 現場直播時數。

 2,700 萬人 英國電視觀眾數。

 1,100 萬人 電台聽眾人數。

 14 吋 最普遍的電視尺寸。

 8 匹 拉動王室金馬車的灰色騸馬數量。

 2,000 名記者 500 名攝影師 來自 **92 國**

 證明先前有經驗者，可獲頒烤牛許可，一共頒出 **82 張**。

139

眾議院非美活動調查委員會

HOUSE UN-AMERICAN ACTIVITIES COMMITTEE，HUAC

隨著冷戰情勢高漲，美國政府開始日益擔憂國內滋生的共產勢力威脅。

時間軸

- **1938年**：HUAC成立，針對疑似與法西斯或共產勢力有牽連的個人或組織，進行辨認、調查和法庭審判。

- **1930年代至1940年代**：許多HUAC調查對象為名聲高的演藝人員。

- **1950年至1954年**：「麥卡錫主義」達到巔峰。

- **1960年代**：HUAC影響力式微。

- **1969年**：HUAC改名為內部安全委員會（Internal Security Committee）。

- **1975年**：委員會解散。

紅色威脅

美國人受鼓吹而相信共產黨的威脅已迫在眉睫，於是只能在個人自由和國家安全中做選擇，但也有許多人主張這種觀點牴觸〈憲法第一修正案〉，因其允許言論和集會自由。

麥卡錫主義

參議員約瑟夫·麥卡錫（Joseph McCarthy）發起此風，使聯邦政府雇員受控勾結共產勢力。喪失職務和工作遭封殺的事件也層出不窮。1954年，美國國會譴責此種強硬手段違背道德。

調查手段

調查對象將受傳喚並針對政治立場受審問。拒答者將以藐視公權力之名入獄，接著被下令要供出其他人，然後再對那些人進行拷問。

阿爾傑·希斯

Alger Hiss

1948年，政府官員希斯受間諜罪指控並判有罪。他在獄中服刑44個月，餘生中不斷想證明自己的清白。

好萊塢黑名單

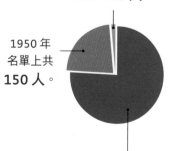

1947年被列入原名單者共 **10人**。

1950年名單上共 **150人**。

500名「有顛覆罪嫌者」被列入灰名單。

好萊塢十人

1947年，**41名**編劇、導演和製片人受傳喚。如果承認擔任過共產黨員，且願意供出「同路人」，就能夠保住工作。

10名證人拒絕配合，於是遭到：

- 罰款 **1,000美元**（約等同今日的11,000美元）。
- 最高判處 **1年有期徒刑**。
- 禁止繼續留在好萊塢。

突破 1 英哩 4 分鐘快跑記錄
FOUR-MINUTE MILE

過去普遍認為要在 4 分鐘內跑完 1 英哩（約 1600 公尺）是人類無法抵達的境界，
而此想法在 1954 年某個強風吹拂的日子被完全顛覆。

📅 **時間**：1954 年 5 月 6 日

📍 **地點**：英國牛津大學的伊菲利路田徑場（Iffley Road track）

👟 **跑者**：羅傑・班尼斯特（Roger Bannister）

🏃 **配速員**：克里斯・布萊希爾（Chris Brasher）、克里斯・查特威（Chris Chataway）

⏱ **時間**：3 分 59.4 秒（3:59.4）

👥 **觀眾**：3,000 名

班尼斯特

這名 24 歲的醫科生，先前就讀於牛津大學。後來在 1954 年從田徑場退役，成為神經學家。他在 1975 年獲封爵位。

跑步競賽

班尼斯特在業餘田徑總會於牛津所舉辦的年度競賽中創新記錄。一開始先由布萊希爾跑在最前頭配速，後來交接給查特威，最後幾秒鐘班尼斯特終於成功領先並做最後衝刺。班尼斯特跨越終點線後，整個人直接倒入友人懷中。

人類是否能在 3 分鐘內跑完 1 英哩？

1 英哩跑程既不算衝刺短跑，也不足以列入配速長跑，非常仰賴氧氣供應。跑者常在耗盡體力前，肺部和肌肉中的氧氣就先用盡，因此 3 分鐘內幾乎不可能跑完 1 英哩。

此後的破世界記錄者

3:57.09
約翰・蘭迪
John Landy
澳洲籍
1954 年 6 月

3:48.04
史蒂夫・奧韋特
Steve Ovett
英國籍
1981 年 8 月

3:47.33
塞巴斯蒂安・柯伊
Sebastian Coe
英國籍
1981 年 8 月

3:46.32
史蒂夫・克拉姆
Steve Cram
英國籍
1985 年 7 月

3:44.39
努丁爾・莫塞利
Noureddine Morceli
阿爾及利亞籍
1993 年 9 月

3:43.13
希查姆・艾爾・奎羅伊
Hicham El Guerrouj
摩洛哥籍
1999 年 7 月

活體器官移植手術首次成功
FIRST SUCCESSFUL KIDNEY TRANSPLANT

1954 年 12 月 23 日，羅納德・赫里克（Ronald Herrick）捐贈一顆腎臟給因腎衰竭而瀕死的同卵雙胞胎弟弟理查（Richard）。他不曉得手術是否會成功，甚至沒把握自己也能夠存活下來。

時間軸

- **1954 年**：莫瑞醫師在波士頓的彼得本特布萊根醫院（Peter Bent Brigham Hospital），進行史上首次腎臟移植手術，全世界屏息以待。

- **1959 年**：莫瑞在一對非同卵雙胞胎身上首次順利完成移植手術。

- **1962 年**：成功將死者的腎臟移植到病患身上。

- **1990 年**：莫瑞和另一名移植手術先驅愛德華・唐納爾・湯瑪斯（Edward Donnall Thomas），共同獲頒諾貝爾獎。

起初構想

外科醫師約瑟夫・愛德華・莫瑞（Joseph Edward Murray，生於 1919 年，卒於 2012 年）注意到，第二次世界大戰替士兵植皮時，只有在同卵雙胞胎之間可成功。他開始思索這是否是內臟移植的關鍵。

輿論壓力

媒體在手術不久前，引述一些醫師認為此手術違反倫理且註定失敗的觀點。

倫理議題

莫瑞發覺此舉等於讓健康的人為另一人賭上自己的性命，於是在諮詢醫師、神職人員和律師後，才向赫里克家族提出此建議。當初理查本人表示反對。

手術現場

莫瑞率領的人馬為理查做術前準備時，相距 50 碼外，哈特威爾・哈瑞森（J. Hartwell Harrison）醫師率領另一批人馬摘除羅納德一側的腎臟，接著移植到理查身上。

23 歲
這對雙胞胎動手術時的年紀。

17 次
執行檢測的次數，以確保兩人是同卵雙胞胎。

5.5 小時
手術持續時間。

超過 450,000 場
日後單在美國一國所執行的腎臟移植手術數目。

移植完兩人留院觀察 **1 個月**。

理查・赫里克多活了 **8 年**。

羅納德・赫里克手術後存活了 **56 年**，以務農和教書維生。

貓王艾維斯·普里斯萊

ELVIS PRESLEY

普里斯萊結合了比爾和他的哈雷彗星樂團（Bill Haley's Comets）的明亮樂聲，以及源自黑人音樂家較陰沉、偏屬藍調民謠的風格，帶領新一代的美國青少年進入搖滾樂的世界。

時間軸

- **1935年1月8日**：出生於密西西比州的塔佩洛鎮（Tupelo）。

- **1946年**：買入第1把吉他。

- **1953年**：試錄〈我的幸福〉（My Happiness）和〈心碎之始〉（That's When Your Heartaches Begin）兩曲。

- **1954年**：在山姆·飛利浦斯（Sam Phillips）的太陽唱片公司（Sun Studio）試錄。

- **1955年**：帕克擔任普里斯萊的經紀人，普里斯萊和RCA唱片公司簽約。

- **1956年**：〈心碎酒店〉（Heartbreak Hotel）單曲販售出超過100萬張。普里斯萊首張同名專輯《艾維斯·普里斯萊》晉升排行榜冠軍；出席節目《艾德蘇利文秀》（Ed Sullivan Show）；參演的電影《鐵血柔情》（Love Me Teader）上映。

- **1957年**：買下格雷斯蘭莊園（Graceland mansion）。

- **1958年**：受美軍徵召入伍。

- **1960年**：從軍隊退役，繼續歌手和電影明星雙棲的傳奇事業。

- **1968年**：事業稍下滑後，參加《強勢回歸》（Comeback Special）電視節目以重返星途。

- **1969年**：在拉斯維加斯的現場表演，創下觀眾人數新記錄。

- **1977年8月16日**：於田納西州的曼菲斯市逝世。

早年生活

普里斯萊早期可說是窮困至極，家中地板真的就是土。

民謠草根音樂

普里斯萊喜愛和家人上五旬節教會時聽見的福音音樂，以及在曼菲斯市（Memphis）的比爾街（Beale Street）俱樂部上聽到的鄉村搖滾樂。許多他早期的熱賣曲，其實是翻唱黑人藝人已經錄製過的曲子，但因他的白人身分，才能夠有在電台播放的機會。

驚起四座

電視現場錄製觀眾對他扭臀動作倍感驚訝，因為他通常只有上半身入鏡。

綽號「上校」的湯姆·帕克

"Colonel" Tom Parker

前嘉年華會秀場主持人帕克以鐵腕手段管理普里斯萊的事業，並抽取高達5成的傭金。

普里斯萊的第一把吉他要價 **7.90 美元**

1973年音樂會〈貓王：衛星傳來夏威夷的阿囉哈〉（Elvis: Aloha from Hawaii via Satellite）於**40國**播放，收看的觀眾數介於**10億**至**15億名**之間。

足球球王比利

PELÉ

他的全名是埃德森·阿蘭特斯·多·納西門托（Edson Arantes do Nascimento），
被暱稱為「黑珍珠」（Pérola Negra）的球王比利，或許可說是世界上最廣為人知的運動員。

時間軸

● **1940 年 10 月 23 日**：出生於巴西的特雷斯科拉松伊斯（Três Corações）。

● **1956 年**：起初想加入聖保羅市大球隊卻到處碰壁，最終加入山度士足球隊。

● **1958 年**：所屬的巴西國家足球隊贏下世界盃。

● **1962 年**：所屬的巴西國家足球隊贏下世界盃。

● **1969 年 11 月 20 日**：在他參與的第 909 場第一級比賽中，完成第 1,000 次射門得分。

● **1970 年**：所屬的巴西國家足球隊贏下世界盃。

● **1974 年**：宣布退休，但簽署 7 百萬美元（等同今日的 3,270 萬美元）的契約，對戰紐約宇宙隊（New York Cosmos）。

● **1977 年**：宇宙隊獲勝，比利終於退休。

● **1978 年**：與聯合國兒童基金會（UNICEF）合作，獲頒國際和平獎。

● **1980 年**：《隊報》（L'Equipe）將他評選為「世紀代表運動員」。

● **1999 年**：國際奧委會將他評選為「世紀代表運動員」。

在山度士足球隊（SantosFootball Club）**擔任左輔鋒**（inside left forward）**時，該隊贏得**
9 場聖保羅市（São Paulo）冠軍聯賽
2 場重大盃賽

17 歲時
比利參與生平第一場世界盃球賽。

1958 年瑞典世界盃
比利在對抗法國隊的準決賽中，
以帽子戲法射門得分，
並在對抗瑞典的決賽中成功射門 2 次，
最後巴西隊以 5 比 2 的成績贏過瑞典隊。

1962 年智利世界盃
比利在第二局賽中腿部肌肉撕裂傷，
但仍激勵隊伍贏得大賽。

1970 年墨西哥世界盃
短暫考慮退休後，
比利仍重披戰袍為巴西隊射下一分，
最後全隊 4 比 1 勝過義大利隊。

1967 年，奈及利亞內戰（Nigerian CivilWar）
休戰 48 小時，
讓國人可觀賞比利所屬客隊參與的球賽。

登上太空第一人
FIRST MAN IN SPACE

冷戰帶來許多噩耗，但也為人類帶來有益事物。
無論屬於哪個國籍，首名太空人都是全人類共享的成就。

首名太空人：尤里·加加林（Yuri Gagarin）

誕生日：1934年3月9日，生於蘇聯的格札次克鎮（Gzhatsk）

逝世日：1968年3月27日，死於蘇聯的莫斯科附近

專業：測試飛行員和工業技師

載具：東方一號（Vostok 1）

時間：1961年4月12日

任務：環繞地球

發射地點：位於哈薩克南方的拜科努爾太空發射場（Baikonur Cosmodrome）

高度：187英哩

發射時間：108分鐘

謝爾蓋·帕夫洛維奇·科羅廖夫 Sergei Pavlovich Korolev

科羅廖夫成為太空計畫首席工程師時，正因遭約瑟夫·史達林清算而於勞動營中服役。他後來又建造出可以裝設火藥彈頭的火箭、發射人造衛星「史普尼克一號」（Sputnik 1），創下眾多首例，像是將第一隻動物、第一名男性及第一名女性送上外太空。

反應

加加林成為國際明星以及蘇聯的英雄。

美國反應

在1961年8月，蘇聯太空人戈爾曼·季托夫（Gherman Titov）所駕運的「東方二號」（Vostok 2）也成功進入太空，並繞地球軌道17周，共25小時以上，更是讓美國臉上無光。

約翰·甘迺迪總統意識到務必要在政治宣傳戰上拿出更傑出的表現，於是在1961年5月25日宣布新的目標：
將人類送上月球。

古巴飛彈危機
CUBAN MISSILE CRISIS

1962 年情勢緊繃的數週內，美國和蘇聯進入危險的核武試膽賽，
讓全世界戰戰兢兢、不敢鬆懈。

📅 時間：1962 年 10 月 14 日至 10 月 28 日

📍 地點：古巴

🎯 對峙方：美國總統約翰・甘迺迪 VS 蘇聯領導人尼基塔・赫魯雪夫（Nikita Khrushchev）

❌ 結果：雙方元首下台

時間軸

10 月 14 日：美國間諜機拍攝到蘇聯在古巴部署的中程飛彈。

10 月 16 日：國家安理會召開執委會以研討下一步策略。

10 月 17 日：分析結果顯示，古巴也擁有遠程飛彈。

10 月 18 日：蘇聯的外交部長安德烈・葛羅米柯（Andrei Gromyko），表示這些飛彈僅供防衛用途。

10 月 20 日：執委會建議「防堵」古巴。

10 月 22 日：甘迺迪總統在電視向全國人民發表演說；要求蘇聯撤除飛彈。

事件背景

1961 年 4 月，美國中央情報局（CIA）在豬玀灣（Bay of Pigs）發起古巴政變計畫，由 1,400 名古巴流亡者執行，但輕而易舉就遭卡斯楚（Castro）的革命軍擊敗，古巴政府與代表白宮的甘迺迪總統關係因此更加交惡。

執委會

美國國家安全理事會的執行委員會，成員為在危機期間負責研擬對美方最佳決策的美國官員。

美國備戰

4 組空軍作戰中隊，預備進行空襲。

派遣 100,000 名部隊兵力至佛州預備抵抗侵入勢力。

180 艘軍艦調派至加勒比海地區。

40,000 名海兵預備作戰。

裝載核子武器的多架 B-52 轟炸機隨時巡航待命。

10 月 26 日：執委會討論是否攻入古巴，他們瞭解此舉將引燃戰火。

10 月 27 日：美國飛官魯道夫・安德森少校（Major Rudolf Anderson）在蘇聯領空遭擊落，但此舉並非聽令於赫魯雪夫的行動；雙方眼見情勢險峻。

10 月 27 日：甘迺迪表示只要赫魯雪夫撤下飛彈，就答應不攻打古巴。

10 月 28 日：赫魯雪夫在莫斯科電台上答應這些條件，雙方驚險逃過核武戰爭。

萬一當初危機真的爆發，結果將不堪設想。雙方為此深感惶恐，於是在一年內簽署〈部分禁止核試驗條約〉（Partial Nuclear Test Ban Treaty）並於華府和莫斯科政府之間設立溝通熱線。

避孕藥丸的發明
CONTRACEPTIVE PILL

單一藥品足以影響整個世代實為罕見之事，但避孕藥為世界上數百萬名女性帶來解放，
她們第一次能自行對「生育」下決策。

 避孕藥劑：調控荷爾蒙的口服藥，效果非永久

🔬 作用方式：模擬孕期，讓身體不再受孕

◎ 當時替代避孕法：保險套、子宮套和禁慾

▦ 1916 年：瑪格麗特・桑格（Margaret Sanger）因開設節育診所而遭判 30 天拘禁

時間軸

1950 年代：避孕藥是由格雷戈里・平克斯（Gregory Pincus）醫師率領的團隊所開發，團隊創始人為桑格。

1960 年：賽爾藥廠（Searle）製造的異炔諾酮，取得美國食品藥物管理局核准。

1961 年 12 月 4 日：英國國民保健署核可於英國使用此藥，但僅限於已婚婦女。

 避孕藥上市後的兩年間，美國女性服用人數為 **120 萬名**

🌐 世界各地服用此藥的女性人數為 **1 億名**

女性主義

女性得到解放，能夠自主選擇是否要生育，在職場上也能扮演新角色，且進一步對世界運作的規則更有發言權。

道德問題

此藥物引發道德問題，因為理論上，服用者能縱情於性愛而無後顧之憂。為此，許多人反對未婚婦女取得此藥物。

愛無拘束

避孕藥帶來所謂「愛無拘束」（free love）的風氣，反而讓一些女性感到要進行性行為的負擔。

健康危害

避孕藥會引起健康疑慮，特別是吸菸的婦女，但也確實另有些健康益處。

普羅富莫性醜聞
PROFUMO AFFAIR

在「搖擺的六〇年代」中，一個宛如 007 故事般，牽涉特務與桃色風波的醜聞撼動了英國的既有體制。
這件發生在 1961 年，讓內閣大臣身敗名裂的事情真相為何，從未有過令所有人滿意的答案。

登場角色

小名「傑克」的約翰·普羅富莫
John "Jack" Profumo
陸軍大臣

克莉絲汀·基勒 Christine Keeler
莫瑞歌舞廳（Murray's Cabaret Club）女郎

曼蒂·里斯-戴維斯
Mandy Rice-Davies
基勒的友人，事件證人

史蒂芬·沃德 Stephen Ward
知名整骨醫師，重量級人物，
綽號「補正者」（the Fixer）

葉夫根尼·伊凡諾夫 Yevgeny Ivanov
蘇聯海軍武官

搖擺倫敦

沃德和他最近的新寵兒克莉絲汀正一同享受著高聳蓮蓬頭、墨鏡、跑車和游泳池的高檔生活，領略世界上最光鮮亮麗的城市風采。

冷冽氣氛

倫敦大肆歡慶之際，冷戰帶來的國際政治情勢，也讓倫敦感到顫慄。享樂風氣底下蘊藏著一種偏執的不安感，因為你我都可能是間諜。

泳池狂歡

沃德在阿斯特勛爵（Lord Astor）坐落於白金漢郡的克萊夫登莊園（Cliveden House）舉辦晚宴，時髦的賓客聽見外頭泳池傳來了驚呼聲，當他們盡速出外確認時，發現普羅富莫和克莉絲汀兩人正打得火熱。

危險關係

內閣官員普羅富莫是受邀前來晚宴的其中一名賓客，他和克莉絲汀展開短暫熱戀。沒想到克莉絲汀也同時在和蘇聯間諜伊凡諾夫交往。

醜聞

普羅富莫先前和克莉絲汀的戀情終於曝光，在旁看戲的媒體以國家安全為名義，大肆炒作整起事件。普羅富莫在 1963 年 6 月 4 日總辭。

沃德在社交圈遭眾叛親離後，因「賣淫媒介」的罪名受審。他在保釋期間過量服用安眠藥致死，但是否是本人自行服用的，則不得而知。

6 名
沃德的喪禮上，
前來弔唁的人數。

2046 年

普羅富莫一案相關資訊
預計公開時間。

古巴革命
CUBAN REVOLUTION

1950 年代時，古巴已經歷半世紀不穩的政權，緊接著又出現一名獨裁者，讓全國即將爆發革命。

富爾亨西奧 · 巴蒂斯塔
Fulgencio Batista

巴蒂斯塔在 1933 年以民選總統的身分發起軍事政變。在 1952 年，他再度發起政變，並以獨裁方式統治國家。

菲德爾 · 卡斯楚
Fidel Castro

卡斯楚是一名律師，他原定要在 1952 年競選總統。巴蒂斯塔掌權後，他誓言要抵抗獨裁政權。

1953 年

7 月 26 日，菲德爾 · 卡斯楚和其弟勞爾 · 卡斯楚（Raúl Castro）帶領 160 名精銳兵攻打軍營慘敗，兩兄弟跟蹌入獄。

1955 年

卡斯楚兄弟遭放逐至墨西哥，認識綽號為「切」的埃內斯托 · 格瓦拉（Ernesto "Che" Guevara），他是名懷抱個革命理想的阿根廷醫師。

1956 年

卡斯楚兄弟和切 · 格瓦拉帶領 79 名武裝叛亂分子進攻古巴，遭擊潰後被迫撤退。

1957 年

學生引領的抗議勢力襲擊總統府；貿易聯盟發起全面罷工；巴蒂斯塔政府接連遇到炸彈和縱火攻擊。

1958 年

美國禁止將武器出口至古巴，削弱巴蒂斯塔政府的統治勢力。

巴蒂斯塔以「夏季作戰行動」（Operation Verano）攻擊卡斯楚逐漸增長的兵力，但在拉普拉塔河口海戰（Battle of La Plata）中落敗。

切 · 格瓦拉率領的叛軍攻下了聖塔克拉拉城（Santa Clara）。

1959 年

1 月 1 日：巴蒂斯塔逃離古巴

1 月 3 日：切 · 格瓦拉率領革命軍進入哈瓦那（Havana），未受到抵抗

2 月 16 日：菲德爾 · 卡斯楚宣示成為總理

七二六運動
26th of July Movement

卡斯楚兄弟的游擊戰計畫，以 1953 年失敗的軍營襲擊行動取名為，並在鋸齒山（Sierra Mountains）一處營地發起。

巴蒂斯塔統治下的古巴

600,000 名古巴人無業。

1.5% 的人口把持了 46% 的土地。

美國企業在古巴持有：

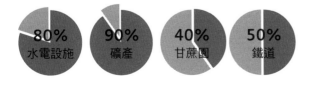

80% 水電設施　90% 礦產　40% 甘蔗園　50% 鐵道

卡斯楚統治下的古巴

- 巴蒂斯塔政府共 600 人遭革命法庭處決。
- 面積大於 1,000 英畝的土地一律收歸國有。
- 將所有權屬於美國的公司國有化。

菲德爾 · 卡斯楚從 1959 年開始統治，至 2008 年為止。起初受到美國擁戴，但古巴開始和蘇聯合作後，和美國的關係便急轉直下。

美國總統甘迺迪遇刺
ASSASSINATION OF JFK

1963 年 11 月 22 日，約翰·甘迺迪總統參與一場車隊遊行，途經德州達拉斯（Dallas）的心臟地帶。下午 12 點半時，車隊抵達剛出市區的迪利廣場（Dealey Plaza），隨後傳來了槍響。

傷亡者？

甘迺迪背部和喉嚨重中彈，頭部則受到致命傷。

坐在甘迺迪正前方的州長約翰·康納利（John Connally）分別在肋骨、手腕和大腿三處中彈。

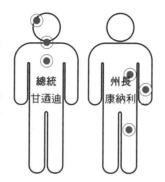

總統
甘迺迪

州長
康納利

釀禍者

- 射出子彈的位置是德州教科書倉庫（Texas School Book Depository）的 6 樓。在該處查獲「狙擊手的巢穴」和步槍，以及 3 管已使用過的槍匣。
- 李·哈維·奧斯華（Lee Harvey Oswald）在該倉庫擔任臨時工。
- 甘迺迪受到槍擊後不出 90 分鐘，奧斯華於一間電影院遭捕，因殺害甘迺迪和名為約翰·蒂皮特（John Tippit）的警員受起訴。
- 在將奧斯華從市立監獄移送至達拉斯縣立監獄時，奧斯華被夜總會老闆傑克·魯比（Jack Ruby）槍殺。
- 1979 年，美國眾議院特別委員會調查發現：「甘迺迪可能是因一場陰謀而遭暗殺」，且除了奧斯華外，「相當可能」還有另一名殺手朝甘迺迪開槍。

事件後續

- 11 月 24 日，在甘迺迪夫人要求下，喪禮隊伍從白宮行至國會大樓，沿用亞伯拉罕·林肯總統的葬禮儀式。
- 250,000 人前來莫儀。
- 11 月 25 日，甘迺迪安葬於阿靈頓國家公墓（Arlington National Cemetery）。超過 100 國家的弔唁者參與此場喪禮。
- 1963 年 11 月 29 日，詹森（Johnson）總統下令籌組甘迺迪遇刺事件總統調查委員會，又稱華倫委員會（Warren Commission）。

時間軸

12:30
甘迺迪總統和康納利州長中槍。

12:34
新聞台首次播報槍擊事件。

12:38
甘迺迪夫人抱著先生的身體，衣物染上血漬，口中說道：「他們殺害了我丈夫。」

13:00
帕克蘭紀念醫院（Parkland Memorial Hospital）的醫師宣告甘迺迪死亡。

13:26
甘迺迪屍首送返至空軍一號（Air Force One）座機。

13:30
正式對外發表死亡宣告。

14:38
副總統林登·詹森（Lyndon B. Johnson）做出宣誓並繼任為總統；他堅持讓身上仍血跡斑斑的第一夫人賈姬（Jackie）站在身旁參加典禮。

披頭四狂熱
BEATLEMANIA

1963 年，4 名來自利物浦的年輕男子樂團廣受歌迷崇拜，
就連波比短襪派（bobby-soxer）的法蘭克·辛納屈（Frank Sinatra）
和有搖滾樂之王美稱的貓王艾維斯·普里斯萊，在此團面前都黯然失色。

叱吒風雲的四人

約翰·藍儂
John Lennon
吉他手、主唱、
主要作曲人

保羅·麥卡尼
Paul McCartney
貝斯吉他手、主唱、
主要作曲人

喬治·哈里森
George Harrison
吉他手、主唱、作曲人

林哥·史達
Ringo Starr
鼓手、主唱、作曲人

披頭四瘋時間軸

1962 年
10 月：披頭四（the Beatles）首支單曲〈愛我吧〉（Love Me Do）為排行榜第 17 名。

1963 年
1 月：樂團首支冠軍單曲〈換妳哄哄我〉（Please Please Me）發行。
11 月：首張百萬銷售專輯《與披頭同行》（With the Beatles）發行。

1964 年
2 月：樂團到《艾德蘇利文秀》（Ed Sullivan Show）巡迴演出後，披頭四瘋席捲整座大西洋。
7 月：樂團首部電影《一夜狂歡》（A Hard Day's Night）上映。
12 月：第 4 部專輯一釋出後，即竄升至排行榜首位。

1966 年
8 月：樂團最後一場正式演唱會辦於舊金山。

1960 年，披頭四在利物浦組成樂團，早期的音樂作品吸引青少年歌迷，粉絲崇拜的程度近乎痴狂。

狂熱仰慕

之所以會有「披頭四瘋」一詞，是因為 1963 年該樂團在英國電視節目《倫敦帕拉丁劇院週日業》（Sunday Night at the London Palladium）拍攝現場演出時，引起一片瘋狂叫聲，《鏡報》（Mirror）記者唐恩·秀特（Don Short）見狀而創出這種講法。

實驗性質

· 一方面為了要避免尖叫聲，披頭四改成至唱片公司錄音。隨著他們的音樂變更純熟，一些極致追星行為也緩和下來。

· 有些歌迷伴隨偶像成長，但《橡膠靈魂》（Rubber Soul）、《左輪手槍》（Revolver）、《花椒軍曹與寂寞芳心俱樂部》（Sgt. Pepper's Lonely Hearts Club Band）等專輯，也帶來新的歌迷。

· 此樂團最後一場表演辦於 1969 年 1 月，歌手盡可能拉開和歌迷的距離，在倫敦蘋果唱片公司（Apple Corps）的屋頂上演奏。

· 1970 年 4 月 10 日，官方正式向全世界宣布**披頭四解散**。

英雄崇拜釀禍

多數披頭四歌迷沒有攻擊性，但在 1980 年 12 月 8 日當天，馬克·大衛·查普曼（Mark David Chapman）開槍射殺他所迷戀的約翰·藍儂。

越戰

VIETNAM WAR

提倡共產主義的北越受到中共和蘇聯支持，南越則受以美國為主的反共產國家支持；
越南南北之間的對戰，宛如冷戰的代理戰。

📅 時間：1955年11月1日至1975年4月30日

📍 地點：越南叢林

➕ 傷亡數：逾58,000名美兵；百萬名越南人，含戰士和平民

⚔️ 結果：南越投降後，南北統一為越南社會主義共和國；美方失去戰略優勢且折損眾多年輕士兵，於1973年撤軍

戰前局勢

共產主義人士胡志明希望越南能夠自治，但同盟國表示要將越南的掌控權交還給法國，於是越南一分南北。

法國撤軍

胡志明發起統一之戰。美國擔憂再增加一個共產國而直接介入。美軍首批戰隊於1965年入駐。

陌生的戰場

傳統西方戰術難在此戰中有所斬獲。在茂密的叢林、水稻田中，美兵根本難以鎖定敵對的南方叛軍「越共」的位置，美軍面對游擊戰術簡直束手無策。

千夫所指的戰爭

美國本土的民眾看見此戰中所犧牲的性命，於是大眾轉為反對立場。

美國士兵平均年齡為 **19歲**。

7百萬枚
落至越南、寮國和柬埔寨的炸彈數。

駭人武器

美軍：
燒夷彈、落葉劑等有毒化學藥劑、M14步槍

越共：
隧道、詭雷、AK-47步槍

黑人民權運動
CIVIL RIGHTS MOVEMENT

在 1950 及 1960 年代，美國黑人對於日常所受的歧視極為憤慨。
雖然奴隸制度已經廢除，但種族隔離制度在法條中仍不動如山。

時間軸

1955 年：黑人帕克斯搭乘公車時拒絕讓座。

1956 年：眾人群起抵制蒙哥馬利（Montgomery）公車。

1957 年：發生小岩城九人事件（Little Rock Nine），剛解除隔離制度的學校，甚至需要聯邦軍隊護送黑人學生上學。

1957 年：〈公民權法〉規定，可對任何妨礙他人投票者進行檢調。

1960 年：在格林斯博羅靜坐事件（Greensboro sit-in）中，4 名非裔美籍生在隔離制的伍爾沃斯（Woolworths）午餐櫃檯點餐遭拒而堅持不離開，開啟靜坐運動。

1963 年：華盛頓大遊行過程中，馬丁路德·金恩（Martin Luther King Jr.）發表著名演說〈我有個夢〉（I Have a Dream）。

1967 年底特律暴動
（Detroit Riot）

43 人死亡

1,000 座建築物焚燬

7,000 人遭捕

〈吉姆克勞法〉
Jim Crow Laws

在南方地區，美國黑人的公共設施、城鎮和學校和白人分開，且通常較為劣等。不同種族禁止通婚，且識字規定使得眾多黑人無權投票。北方州份的生活境況較佳，但黑人仍遭逢歧視。

羅莎·帕克斯
Rosa Parks

生於 1913 年，卒於 2005 年

1955 年 12 月 1 日，帕克斯工作完要返家時，坐在公車後方所謂的「黑人專區」，因拒絕讓座給另一名白人乘客而遭逮捕，引起群情激憤。

麥爾坎 X
Malcolm X

生於 1925 年，卒於 1965 年

麥爾坎·利托（Malcolm Little）在因輕罪入獄期間加入「伊斯蘭民族組織」（Nation of Islam），道出非裔美籍人士心中的激憤，成為激發人心的領袖。他「採取一切必要手段」來提倡公民權益，啟發黑人權力運動。

1964 年：〈公民權法〉確保平等受雇權，以及公共設施共用。

1965 年：在阿拉巴馬州的塞爾瑪（Selma），600 名和平示威者遭警察襲擊，數十人送醫，此事件後來稱為「血腥星期日」（Bloody Sunday）。

1965 年：〈選舉法案〉禁止以識字測驗篩選投票者資格。

1965 年：麥爾坎 X 遇刺。

1965 年：在洛杉磯的華茲（Watts）暴動中，抗議群眾和警方爆發衝突，導致 34 人死亡、1,000 人輕重傷，400 萬美元的損失。

1966 年：黑豹黨（Black Panther Party）創立。

1968 年：金恩遇刺。

2008 年，巴拉克·歐巴馬（Barack Obama）當選，成為美國第一任黑人總統，但公民權抗爭之路並未就此停住。

馬丁路德·金恩博士
DR. MARTIN LUTHER KING JR.

金恩或許可說是最為人所知的公民權提倡者,他發表的演說至今仍廣受人引述。

時間軸

- **1929年1月15日**:出生於喬治亞州的亞特蘭大市(Atlanta)。

- **1944年**:進入亞特蘭大的莫爾豪斯學院(Morehouse College);旅居北方時,察覺並非全美國都實行種族隔離制。

- **1955年**:於波士頓大學取得博士學位。

- **1956年**:引領蒙哥馬利公車抵制運動。

- **1959年**:拜訪印度,對甘地和平抗爭的方法感到欽佩。

- **1963年**:協助籌辦華盛頓大遊行而遭逮捕。

- **1964年**:成為最年輕的諾貝爾和平獎得主。

- **1964年**:〈公民權法〉通過。

- **1968年**:4月4日於田納西州的曼菲斯市遇刺身亡。

蒙哥馬利公車抵制運動

繼羅莎·帕克斯拒絕讓位給白人後,金恩發起抵制公車運動,直到隔離制度取消為止。他激勵人心的演講迎來了成功。

金恩的演說

金恩最強而有力的武器,就是他的聲音。雖然他的信函也相當具有說服力,像是他從伯明翰(Birmingham)獄中寄出的,但他的演說更是感動所有聽眾。現今學校仍將他的〈我有個夢〉和〈我曾登頂遠眺〉(I've Been to the Mountaintop)收錄於教材中。

華盛頓大遊行目標包含:

- 終結校園的種族隔離制。
- 終結警方濫捕黑人。
- 終結職場歧視。

250,000 人
參與華盛頓大遊行。

反方立場

提倡公民權者中,麥爾坎X等人認為金恩的手法太過消極,而想號召更偏向武力的行動。

遇刺

金恩站在所住飯店陽台時遭人開槍射殺。兇手詹姆斯·厄爾·雷伊(James Earl Ray)是名職業罪犯,其後判處99年徒刑。

美國將每個1月的第3個週一訂為國定假日——「馬丁路德金恩日」。

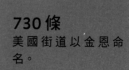

730 條
美國街道以金恩命名。

迷你裙風潮
RISE OF THE MINISKIRT

最能體現「搖擺的六〇年代」樂觀派精神的代表物，非迷你裙莫屬。

時間軸

- **1920 年代**：裙襬長度在千年來達到最短；但在 1930 年代又再度加長。

- **1926 年**：經濟學家喬治·泰勒（George Taylor）創了所謂的「裙襬指數」，將裙長和股市交易價格連結。

- **1957 年**：瑪莉官在切爾西（Chelsea）國王大道上開設自有品牌「芭莎」（Bazaar）的店鋪。

- **1962 年**：瑪莉官和美國潘尼百貨公司（J. C. Penney，JCP）簽約；她開始實驗調整裙襬長度和鮮豔色彩。

- **1965 年**：庫雷熱的春夏發表作品中推出一款迷你裙；約翰·貝茲（John Bates）為黛安娜·瑞格（Diana Rigg）設計出演電視節目《復仇者》（The Avengers）的短裙戲服。

- **1966 年**：瑪莉官推出短裙，並以自己最愛的車款「迷你庫柏」（Mini Cooper）取下「迷你裙」的稱呼。

- **1968 年**：賈姬·甘迺迪嫁給亞里斯多德·歐納西斯（Aristotle Onassis）時，婚禮上身著短裙。

文藝復興

1960 年代已預備好迎接迷你裙。年輕人想脫離上一輩枯燥保守而色彩單調的世界。曲風變換，世界也在轉型，且避孕藥問世表示人的態度也在改變。

迷你裙「發明者」的封號歸誰有所爭議。多數人認為巴黎廷臣安德烈·庫雷熱（André Courrèges）和英國設計師瑪莉官（Mary Quant）不約而同產生這個構想。

風格選擇

庫雷熱的裙子角度銳利且硬挺，適合光腿穿著，瑪莉官則是運用新發明的褲襪，搭配平底鞋或及膝靴，傳達出一種既清純又誘人的形象。

新質料

- 瑪莉官喜愛人造纖維，是第一個將 PVC 用於衣物的人
- 並非所有人都喜愛迷你裙。可可·香奈爾（Coco Chanel）認為這種品味糟糕至極，有些國家甚至禁穿迷你裙，尤其是非洲的國家。

六〇年代，**約 7 百萬名**女性的衣櫃裡至少有一件瑪莉官產品。

瑪莉官短裙在膝上
6 至 7 英吋。

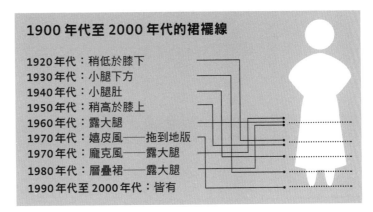

1900 年代至 2000 年代的裙襬線

1920 年代：稍低於膝下
1930 年代：小腿下方
1940 年代：小腿肚
1950 年代：稍高於膝上
1960 年代：露大腿
1970 年代：嬉皮風——拖到地版
1970 年代：龐克風——露大腿
1980 年代：層疊裙——露大腿
1990 年代至 2000 年代：皆有

第一位馬拉松女選手
KATHRINE SWITZER'S BOSTON MARATHON

波士頓馬拉松是世界上一大熱門的業餘路跑賽事。
1967 年，此項競賽開放給任何身分的跑者，不再限定為美國田徑總會會員，但仍只專屬男性。

📅 **時間**：1967 年 4 月 19 日

📍 **地點**：波士頓

✏️ **參賽登記名稱**：K. V. 斯威策（K. V. Switzer）

👟 **跑者**：美國記者兼業餘跑者凱薩琳‧斯威策
（Kathrine Switzer，生於 1947 年）

凱薩琳‧斯威策的教練認為女性沒有足夠體魄來跑馬拉松，但她並未因此退縮，仍報名參加波士頓馬拉松賽。業餘競技協會的規則書並未提及性別，所以她也不曉得此舉究竟會觸犯哪條規定。

跑了大約一英哩，一名跑務人員開始對她叫囂，還想扯掉她背心上的號碼布。她被扯著上衣，好不容易逃脫，這一切全被媒體鏡頭給拍了下來。

她在驚恐的心情下跑完賽程，但被媒體追問、被工作人員粗魯對待，還與男友起爭執。

斯威策受人騷擾的照片，成為體壇上廣受關注的影像記錄，引起數百萬名女性的憤慨心情，也給予她們激勵。

比賽後續

斯威策為女性爭取長跑比賽的正式法令，並在今日持續啟發女性運動員。波士頓馬拉松在 1972 年，終於接受女性選手參賽。

2 美元

報名費金額。

4 時 20 分

斯威策完賽所花時間。

261 號

斯威策的名牌編號，為了紀念她，此編號不再發用。

741 名

參賽選手總人數。

嬉皮與愛之夏
SUMMER OF LOVE

1967 年夏季，空氣中瀰漫著一股特殊的氣息，或許還摻有違法成分。雖然時代變化已經持續好一陣子，但嬉皮的盛行混雜著迷幻藥，年輕人興奮、澎湃的情感興起了難擋的風潮，一時之間驚動了世界。

經過

各項聚會主要發生於倫敦和舊金山，有些是預先規劃，有些則是意料之外，過程中創意迸發。有些人還嘗試「啟靈藥」（LSD，麥角酸二乙胺）等有致幻效果的藥物。

有愛就好

這些主打靈修、愛、音樂、性的公開聚會，通稱為「愛之聚眾」（love-in），首場在 1967 年的 3 或 4 月間辦於洛杉磯的伊利森公園（Elysian Park）。

用藥風氣

6 月時，滾石唱片公司（Rolling Stones）的基思·理查茲（Keith Richards）與米克·賈格（Mick Jagger），因吸毒罪入獄。其後此判決在公眾抗議聲浪下撤銷。

活命抗爭

估計共有 **100,000 名** 反對越戰的群眾於 10 月時，在華盛頓紀念碑抗議。另有人當眾燒燬徵兵證。

《花椒軍曹與寂寞芳心俱樂部》

披頭四在 6 月 1 日釋出此專輯，特色賣點在於樂團透過唱片錄製來發揮創意。

3,000 英鎊
彼得·布萊克（Peter Blake）和詹·霍沃斯（Jann Haworth）所設計的封面耗資（等同今日的 69,000 美元）。

100 英鎊
一般專輯封面製作費（等同今日的 2,300 美元）。

演出者

一般認為蒙特利國際流行音樂節（Monterey International Pop Festival）是愛之夏的開端，在 6 月 16 日至 18 日辦於加州，演出陣容包含：

吉米·罕醉克斯 Jimi Hendrix
何許人團 the Who
史考特·麥肯錫 Scott McKenzie
拉維·香卡 Ravi Shankar
珍妮絲·賈普林 Janis Joplin
奧蒂斯·雷丁 Otis Redding
媽爸團 the Mamas & the Papas
賽門與葛芬柯 Simon & Garfunkel
飛鳥樂團 the Byrds
傑佛森飛船 Jefferson Airplane
死之華 Grateful Dead

157

登陸月球
MOON LANDINGS

1969 年，太空競賽進入白熱化，大把金錢、三條人命和美國的國家尊嚴，都賭在人類的這一大步。

阿波羅十一號（Apollo 11）
任務時間軸

- **7 月 16 日，09:32，日光時間（EDT）**
  阿波羅十一號於甘迺迪太空中心發射升空。

- **7 月 19 日，17:21，世界協調時間（UTC）**
  太空人環月繞軌數周。

- **7 月 20 日，17:44，UTC**
  艾德林和阿姆斯壯所搭乘的登月艇老鷹號（Eagle）脫離母艙的哥倫比亞號（Columbia）並開始著陸。

- **20:17，UTC**
  老鷹號登陸至月球表面的「寧靜海」區域。

- **7 月 21 日，21:34，UTC**
  老鷹號登駛離月球，成功與哥倫比亞號對接。

- **7 月 22 日，00:01，UTC**
  哥倫比亞號在棄置老鷹號後開始折返。

- **7 月 24 日，00:50，EDT**
  母艙進入地球大氣層，比預計時間晚 36 分鐘。

- **16:44，EDT**
  機組人員安全躍降太平洋。

21 日
全員待在
隔離檢疫區的天數，
以確保沒有帶回疾病。

機組人員

尼爾・阿姆斯壯 Neil Armstrong
任務司令，登月第一人

暱稱「伯茲」的愛德溫・艾德林
Edwin "Buzz" Aldrin
登月艇駕駛員

麥可・柯林斯 Michael Collins
母艙駕駛員

史蒂夫・貝爾斯 Steve Bales
休士頓任務中心的引導指令官

電腦超載

登陸月球時，電腦因超載而發出警示聲，安姆斯壯只好改為半手動操作。

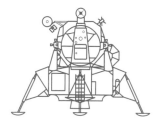

獨自一人

柯林斯搭乘母艙繞行月球21小時。他最擔心的就是艾德林和阿姆斯壯遭逢事故，而他只能一人返回地球。

石牆暴動
STONEWALL RIOTS

警察突襲搜查格林威治村一間知名同志酒吧，結果引燃多年來暗藏於表面下的積怨。

 時間：1969 年 6 月 28 日

 參戰方：酒吧主顧和當地居民 VS 紐約市警察

地點：紐約市的石牆酒吧

結果：石牆酒吧暴動催生出同志權運動

1960 年代不允許同性戀或任何偏離主流的性取向，過去幾十年一直如此。在 1969 年的紐約市，提倡同志關係屬於違法行為。

搜查行動

警察配戴搜查令，以無照販酒的名義搜查酒吧，粗魯對待員工和主顧，且這是近期第三起事件。

火災

群眾放火燒酒吧，消防隊將火撲滅，鎮暴小組驅離憤怒的抗議人士，但暴動又再延續了 5 天。

石牆酒吧

石牆酒吧是以私人「自備酒酒吧」模式經營，為 LGBT 和跨性別扮裝者提供庇護之所。

暴動開始

搜查事件完畢後，憤怒的主顧和當地居民並未解散。一名女同志顧客頭部遭擊中，其他顧客開始對封鎖酒吧並躲藏在內的警方投擲物品。

投擲物包含：

· 便士硬幣
· 圓石
· 瓶罐

石牆酒吧並未主導激烈抗爭，但少數族群長年以來遭歧視和迫害，酒吧於是成為整體反抗的象徵。

3
在當時的紐約，要是未穿著 3 件以上「性別合宜」的服裝，就有遭捕的可能。

13 人
搜查案中遭捕人數。

400 人
暴動者大約人數。

2016 年
歐巴馬總統將此酒吧及周圍街道列為國家紀念廣場。

阿波羅十三號

APOLLO 13

阿波羅登陸計畫的第 13 次航程，差點演變成一場憾事，所幸人員辛勤努力、臨機應變且果敢表現，為美國太空總署（NASA）帶來光榮的一刻。

時間軸

- **1970 年 4 月 11 日**

  （以下為任務開始起算所經時間）

- **0 時 0 分**：阿波羅十三號選擇在 13:13 發射，正是西方所忌諱的不祥數字。

- **4 月 14 日**
- **55 時 53 分**：例行程序造成汽缸 1 中的氧氣含量降低，緊接著汽缸 2 電力不足，燃料電池裝置也出現故障。

- **56 時 33 分**：緊急關閉電源。

- **58 時 40 分**：登月艇寶瓶座號（Aquarius）首次啟動；全員只能居住在裡頭，等到能返回地球為止；非必要的設備也一律關閉。

- **4 月 17 日**
- **140 時 10 分**：依照最省電的方式發動母艙奧德賽號（Odyssey）。

- **142 時 40 分**：阿波羅十三號開始重新進入大氣層。

- **142 時 50 分**：接通語音通訊系統。

主角

吉姆・洛維爾 Jim Lovell
任務司令

佛瑞 海斯 Fred Haise
登月艇駕駛員

傑克・斯威格特 Jack Swigert
母艙駕駛員

吉恩・克朗茲 Gene Kranz
任務控制的飛行主任

阿波羅十三號起初 55 小時航程順利，但在例行的氧氣缸晃蕩後，卻導致一連串災禍。眾人放棄登月任務，開始展開救援行動。控管人員、技師、工程師和太空員同心協力，尋思出大家從未想過的計策來解決問題。

應急設備

在太空梭上就地取材，設置好新設備。

電影翻拍

湯姆・漢克斯（Tom Hanks）主演的同名電影《阿波羅 13 號》（*Apollo 13*），因細節精確而佳評如潮。

第一次石油危機

ARAB OIL EMBARGO

1973 年，產油的阿拉伯區各國暫時禁止貨船輸送至美國、荷蘭、葡萄牙和南非。
這場風波對全球產生了深遠漣漪效應。

時間軸

1973年

10月6日：埃及和敘利亞在猶太視為神聖的贖罪日當天，對以色列發動攻擊。

10月19日：OAPEC對美國採用石油禁運，意圖迫使以色列撤兵。

1974 年

3月：談判後解除禁令，但油價仍居高不下。

其他影響因素

雖然贖罪日戰爭（Yom Kippur War）是整起事件的導火線，但產油國早已對美國總統尼克森將美元拋棄「金本位」一事感到憤怒。這讓美金貨幣貶值，因石油是以美元計價，所以連帶降低生產者的獲利。之後禁運效果顯著，因為此時已開發國家已相當仰賴低價原油。

阿拉伯石油輸出國家組織

石油輸出國組織（Organization of Petroleum ExportingCountries，OPEC）創立於 1960年以支應成員國的利益，並協調原油的定價和生產。OAPEC（全名為 Organization of Arab Petroleum Exporting Countries）則於 1968年成立。

OPEC石油存量占全球五分之四，原油產量則占全球五分之二。

石油存量
80 %

原油產量
40%

美方回應

美國政府被迫對燃料採配給制，並對輸運速度設限以減少消耗。尼克森預備用武力行動作為最後手段，但幸好談判成功。

後續效應

油價持續飆漲，且各國發現已過於仰賴中東石油後，開始增加國內產力並加強能源利用效率。

1973 年 10 月禁運前的原油價格

每桶 **2.90 美元**

1974 年 1 月價格

每桶 **11.65 美元**

55 英哩／小時（mph）

美國高速公路速限。

10 加侖

配給期間，
每名顧客限購燃油。

水門案
WATERGATE SCANDAL

理查‧尼克森總統濫用職權來掩蓋自己參與某場卑劣陰謀的證據，
結果不僅個人名譽掃地，也失去美國人民的支持。

時間軸

1972 年
6 月 17 日：5 名匪徒潛入美國民主黨全國委員會辦公室安裝竊聽器，而後遭捕。

10 月 10 日：《華盛頓郵報》提出尼克森與匪案有所牽連。

11 月 7 日：尼克森自我澄清的誓言得信於民而當選。

1973 年
7 月 23 日：尼克森拒絕將錄音檔案交給特偵組檢察官考克斯偵辦。

10 月 20 日：「週六屠殺夜」事件後，3 司法高級官員名拒絕解除考克斯的職位並請辭。

1974 年
3 月 1 日：大型陪審團宣判尼克森為「不予起訴之共謀犯」。

4 月 30 日：白宮釋出編輯過的錄音帶。

7 月 24 日：最高法院勒令尼克森交出錄音帶。

7 月 27 日：眾議院投票表決彈劾尼克森。

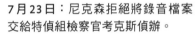

7 月 31 日：繳出的音檔整體證明尼爾森的罪狀。

8 月 8 日：尼克森下台。

事件背景

美國人對於越戰和 1972 年競選戰術是否過當的立場相當兩極。

總統競選連任委員會（Committee to Re-Elect the President，又稱 CREEP）在民主黨競選總部裝設監聽器並竊取文件，因電流分接出問題又再度返回，當場被逮個正著。

掩飾

尼克森付匪徒封口費，並指示美國中央情報局（CIA）阻擋聯邦調查局（FBI）調查，妨礙司法。

罪狀現形

《華盛頓郵報》（Washington Post）的記者鮑勃‧伍德華（Bob Woodward）和卡爾‧伯恩斯坦（Carl Bernstein）認為事有蹊蹺，於是著手調查。

揭弊者

起初匿名將資訊傳給記者之人，之後揭示其身分為 FBI 探員馬克‧費爾特（Mark Felt）。

尼克森的要害

尼克森暗中將與共謀者的對話錄製下來。他想利用總統的行政特權來阻止他人播放音檔。

週六屠殺夜 Saturday Night Massacre

特偵組檢察官阿奇博爾德‧考克斯（Archibald Cox）鍥而不捨要求取得資訊，於是尼克森在 10 月 20 日接連要求 3 名官員將他解雇。3 人拒絕並請辭。

龐克搖滾樂興起
PUNK ROCK

許多充滿怒氣的樂團用音樂嘶吼，但龐克搖滾的虛無主義無人能及。

時間軸

- **1960 年代**：丑角樂團（the Stooges）、地下絲絨樂團（Velvet Underground）打破傳統音樂的窠臼。

- **1973 年**：傳奇酒吧 CBGB 在曼哈頓的東村區（East Village）開張，製造出的不只是聲響，也締造出新裝扮及態度。

- **1974 年**：馬康·麥拉林（Malcolm McLaren）和薇薇安·魏斯伍德（Vivienne Westwood）在切爾西國王大道上，開設「西斯」精品店。

- **1975 年**：邁卡倫組成惡名昭彰的龐克樂團「性手槍」（Sex Pistols），挑釁重視禮節的社會，並在電視上講粗話，與稱霸排行榜的迪斯可音樂大相逕庭，深受少男、少女喜愛。

- **1977 年**：性手槍樂團的專輯《廢渣閃邊去，看性手槍這裡》（*Never Mind the Bollocks, Here's the Sex Pistols*）釋出，正因單曲〈天佑吾后〉（God Save the Queen）遭 BBC 禁播，反而登上排行榜冠軍寶座。

開端

起初 1970 年代的批評者用「龐克搖滾」（原義為「搖動的小混混」）一詞來描述 1960 年代的車庫樂團。這些靠自己起家的音樂人少了正規訓練和資金，卻多了反叛風格。

知名龐克樂團

衝擊樂團 the Clash
吵鬧公雞樂團 Buzzcocks
蘇西與冥妖 Siouxsie and the Banshees
X 世代樂團 Generation X
雷蒙斯樂團
厄運樂團 the Damned
克朗普斯樂團 the Cramps

紐約的 CBGB 酒吧 *

雷蒙斯（Ramones）、金髮美女（Blondie）、臉部特寫（Talking Heads）以及強尼·桑德斯與傷心人（Johnny Thunder and the Heartbreakers）等樂團都在 CBGB 進行演唱，奠定出紐約龐克風。

倫敦景觀

英國政治和經濟局勢不穩，造成多人失業。倫敦青年常逛西斯（SEX）精品店，偶爾買衣服，更常用垃圾袋、緞帶、安全別針，並灑許多髮膠來自製造型。

*CBGB 意為鄉村（Cauntry）、藍草（Blue Grass）、布魯斯（Blues）。

挑戰者號太空梭災難
CHALLENGER DISASTER

1986 年 1 月 28 日，NASA 相對尋常的太空梭任務 51-L 竟以悲劇收場。

 挑戰者號（*Challenger*）：世界上前幾艘可重複運行的太空梭之一

☆ 首航：1983 年 4 月 4 日

🗼 發射地：美國佛州卡納維爾角（Cape Canaveral）的甘迺迪太空中心

 任務：發射新的人造衛星，並運行另顆人造衛星來觀測哈雷彗星

乘客：其中包含了第一名登上太空的美國一般民眾，即擔任教職的克莉斯塔·麥考利夫（Christa McAuliffe）

💰 開銷：2,000 億美元（1,550 億英鎊）

發射前遇到的問題

前一艘太空梭哥倫比亞號登陸時間延遲，酷寒氣候在發射台上留下厚重冰層。

事發經過為何？

挑戰者號外部燃缸倒塌，將燃料和推進劑互相混和，導致起火燃燒。脫離燃缸後解體，但人員搭乘的機艙繼續高度攀升，最後急遽落下，墜入大西洋。

人員致死原因為何？

搜到罹難者時，發現全員仍緊靠在座椅上。確切原因不明，只能研判是死於氧氣不足。彈射座椅並未成功保住人員性命。

羅傑斯委員會
Rogers Commission

由太空人尼爾·阿姆斯壯、駕駛員查克·葉格（Chuck Yeager）和物理學家理察·費曼（Richard Feynman）等專家組成的團隊受派任調查此事故。

故障起因為何？

造成因素有數項，包含出現裂縫，讓過熱液體逸散，且冰寒溫度讓兩個橡皮環無法順利密封。製造過程的瑕疵、省時考量和決策皆造成問題。

後續發展

NASA 暫停有人乘駕的飛行器，等到 1988 年才再發射發現號（Discovery）。2003 年 2 月 1 日發生第二場劫難，當時哥倫比亞號太空梭返程時解體，再次全員無一生還。

相關數據

9 次
挑戰者號先前順利飛行次數。

上午11時39分
起飛。

73 秒
起飛和事故之間間隔時間。

著火時太空梭抵達海拔 **46,000 英呎**。

裂縫處竄出長達 **40 英呎**的火舌。

挑戰號落入太平洋水面時，瞬時速度 **200 英哩／小時（mph）**。

車諾比核災

CHERNOBYL NUCLEAR DISASTER

1986 年，預備要在車諾比核力發電廠進行測試的工人，
意外觸發歷來核力發電最嚴重的災禍。

時間：1986 年 4 月 25 日至 4 月 26 日

地點：今日烏克蘭的普利皮亞特（Pripyat）
地區，距離車諾比市 10 英哩、距離基輔市
（Kiev）80 英哩

當地人口：30,000 至 50,000 人

核能發電廠：1977 年由蘇聯建造，
產出 1,000 兆瓦電力

災害地點：四號反應爐

事件始末？

工人草率關閉電力調控、緊急
安全裝置和冷卻系統，將多
數控制桿拉離爐心；因設計不
良，氫氣含量積累而升，連鎖
反應造成爐心熔解和爆炸，將
反應爐遮蓋炸毀，釋放出輻射
殘骸。

隱瞞

蘇聯政府將此事故消息保密，
但瑞典氣象學家注意到空氣出
現異常輻射反應，使官員不得
不承認這場意外。

第一時間應變

直升機投下沙和硼來撲熄火
焰，並阻止進一步核反應。

善後

前 36 小時內並未撤除居民。
經過極為艱險的過程，電廠關
閉，並封裝入水泥箱當中，但
數百萬英畝的林地和農地仍遭
受汙染。

後果

最終將數千人疏散，但更多人
滯留在封鎖區外圍不遠處。牲
口出生時出現畸形問題，人類
也開始產生輻射致使的病變和
罹患甲狀腺癌。

2 名
車諾比電廠工人在當
晚死亡；其後短時間
內有 **28 人**喪命。

1,000 噸重
的鋼鐵遭衝擊力道
重炸開。

8 日
火勢延燒天數。

約 200 人
直接暴露於核輻射。

800 座
幅射廢料掩埋場。

電廠向外半徑 **18 英哩**列管為封鎖區，涵
蓋約 1,000 平方英哩的範圍，其後擴張成
1,600 平方英哩。

約 335,000 名
數年之間，永遠遷
居的居民數。

柏林圍牆

BERLIN WALL

一道阻擋通路的大牆，防堵柏林市屬於西德的範圍，將柏林一分為東西將近三十載。

建造： 於8月12日至8月13日，由德意志民主共和國（German Democratic Republic，GDR／DDR）在一夕之間蓋成

工程材質： 刺線和煤渣磚，後來加上水泥

高度： 12英呎

長度： 總長96英哩，其中27英哩將城市隔成兩區

以302座看守塔、通電裝置、犬隻、自動射擊槍機關和泛光採照燈來監管；士兵可當場槍殺逃離者。

建造原因？

第二次世界大戰後，4個勝利的同盟國占據德國。蘇聯把持東德，德國前首都柏林也被4國瓜分。

目的

這座所謂的「反法西斯壁壘」，名義上是用以防堵西方「法西斯」勢力沾染東德，但實際上是要阻止東德人投靠敵方。

崗哨站

A崗（Alpha）、B崗（Bravo）和C崗（Charlie）共3個崗哨站，檢核穿越東西柏林的官員。最後擴增到共12個站點。

高牆倒塌

1989年，蘇聯開始土崩瓦解。8月時，共產國友國匈牙利（對奧地利開放邊界。東德民眾也開始爭取類似的自由。東德元首請辭。

新政府決定讓東柏林人申請通行至西區，但頒布消息的部長未得到充分通知，在尚未告知邊界守衛的情況下逕自宣布變更即刻生效。於是牆的東西方聚集數千人，守衛也難以阻攔，1989年11月9日，柏林邊界開通。

---

250 萬名
1949 年至 1961 年，逃至西方的東德人數。

約 5,000 名
1961 年至 1989 年，平安逃脫的東德人數。

約 5,000 名
東德人意圖逃脫時遭逮捕。

171 人
在跨越過程中喪命

非洲民權之父曼德拉

NELSON MANDELA

政策提倡者曼德拉一度淪為階下囚，其後當選南非首任黑人總統，
成為世界上最受愛戴和尊敬的政治家之一。

時間軸

- **1918年7月18日**：羅利拉拉·曼德拉（Rolihlahla Mandel）出生於南非的姆維佐村（Mvezo）。

- **1939年**：進入開設給黑人的唯一一間西式大學福特黑爾（Fort Hare）。

- **1940年**：參與抵制行動而遭遣送返家。

- **1944年**：加入ANC，成為當中一名主導人物，並成立青年聯盟。

- **1948年**：南非實施種族隔離制。

- **1949年**：ANC發起抵制、罷工和公民不服從運動。

- **1952年**：曼德拉與人共同創立首間黑人法律事務所。

- **1960年**：警方對和平抗議者開槍，造成69人死亡，此起「沙佩維爾屠殺」（Sharpeville Massacre）事件引發暴動，ANC也遭查禁。

種族隔離制

醫院、學校、廁所和海灘都標記上「白人」或「有色人種」。占人口多數的黑人，可用的設施卻都劣於少數白人的設施，且黑人沒有投票權。

入獄

羅本島（Robben Island）先前為征服區駐防地。曼德拉於此處被分派石灰工地勞役。他的牢房沒有床和排廢管道。公家機關禁止傳出監獄照片，或是公開引述他的相關言論。

釋放曼德拉

非洲民族議會（ANC）舉辦曼德拉相關活動。國外同情其處境者鼓勵參與產品抵制行動、音樂會，甚至為他寫一首曲子。

馬迪巴 Madiba

他常被稱呼為科薩族（Xhosa）名字「馬迪巴」來表示尊敬。

受監禁
27年

- **1961年**：與他人一起共同創立了民族之矛（Umkhonto we Sizwe），即ANC的側翼武裝單位。

- **1964年**：曼德拉受囚禁至羅本島。

- **1980年**：「解放曼德拉」運動將他的故事流傳至世界各地。

- **1990年**：曼德拉獲釋。

- **1991年**：種族隔離制廢止。

- **1993年**：曼德拉獲頒諾貝爾和平獎。

- **1994年**：經過全民票選，曼德拉當選總統。

- **1995年**：南非主辦橄欖球世界盃，曼德拉對以白人為主的隊伍表示支持，促進國家團結。

- **2013年12月5日**：曼德拉於約翰尼斯堡逝世。

天安門廣場大屠殺
TIANANMEN SQUARE MASSACRE

1989 年，學生呼籲民主而發起和平抗爭，卻遭中國軍方暴力鎮壓。

📅 時間：1989 年 6 月 4 日　　　　🔫 對峙方：學生及平民 VS 中國解放軍

📍 地點：中國北京的天安門廣場　　　✚ 傷亡數：未知

抗議開端

主張民主的官員胡耀邦於四月死亡一事，引發一連串抗爭活動，延續數週且擴張大其他城市。

民主女神

5 月最後兩週實行戒嚴令，但因抗爭者眾，軍隊無法進入天安門廣場。抗議群眾聚集於一座民主女神石膏像旁。

大屠殺

- 6 月 3 日當晚，坦克和重裝部隊擅自對群眾動武，射擊或輾壓前方人士而過。
- 數千人落荒而逃，但射殺行動持續一整天。
- 6 月 5 日，犧牲了數百或甚至數千條性命後，恢復嚴格管控。後續有更多名抗議人士遭捕入獄或處決。

肉身擋坦克

一名抗議人士佇立在整列坦克車前，捕捉此景的知名照片將暴行展露無遺。此人身分和後續遭遇迄今不明。

西方關注

數名西方記者到北京報導蘇聯領袖米哈伊爾・戈巴契夫（MikhailGorbachev）走訪事件，此時開始報導起相關事件，讓中國政府惱羞成怒。

天安門事件相關數據

0
整起事故始末，並無任何可信數據。

此事件在中國仍是敏感議題，當地禁止公開悼念，但境外每年仍有紀念日致意活動。

國民王妃之死
DEATH OF THE PEOPLE'S PRINCESS

威爾斯王妃戴安娜（Diana）的死訊傳出後，
喜怒不形於色的英國人遍露哀戚之情，史無前例。

人物介紹

威爾斯親王查理斯王子殿下（HRH Prince Charles）：英國王儲

戴安娜：威爾斯前妻

多迪·法耶德（Dodi Al-Fayed）：哈洛德百貨（Harrods）所有權者穆罕默德·法耶德（Mohamed Al-Fayed）之子

亨利·保羅（Henri Paul）：巴黎麗思酒店的保安部副經理

崔佛·里斯-瓊斯（Trevor Rees-Jones）：戴安娜保鑣

狗仔隊：一群跟拍的媒體人員

1996 年，威爾斯親王和戴安娜離婚。1997 年，戴安娜開始和法耶德發展感情，小報媒體十分關注兩人是否將傳結婚喜訊。1997 年 8 月 30 日，兩人抵達位在巴黎的麗思酒店。

時間軸

23:30 戴安娜和法耶德兩人離開飯店，前往香榭麗舍大道（Champs-Élysées）上的一間公寓。

00:25 面對狗仔隊騎乘機車在後頭追趕，保羅高速駕駛，結果輸車在阿爾瑪橋（Pont de l'Alama）下的隧道出車禍；保羅和法耶德當場喪命；戴安娜和里斯-瓊斯身受重傷。

04:00 宣告戴安娜死亡，里斯-瓊斯倖存下來。

05:09 白金漢宮發布簡短聲明。

11:00 英國首相托尼·布萊爾（Tony Blair）稱戴安娜為「國民王妃」。

公眾悼念

民眾立刻傳達出肺腑之情。幾小時內，白金漢宮儼然成為一片花海。

追究禍首

官方將責任歸於飲酒超標將近三倍的駕駛人保羅，大眾則普遍認為是狗仔隊釀禍。

喪禮

世界各地數十億人收看戴安娜辦於 9 月 6 日的隆重喪禮。

911 恐怖攻擊

9/11

2001 年 9 月 11 日，4 架客機遭挾持為武器，以自殺攻擊方式直搗美國心臟地區。
此事過後，一切都不同於過往。

各架飛機

 聯航（UA）11 號班機，波音 767（Boeing 767）：波士頓往洛杉磯，乘載 92 人

 聯航 77 號班機，波音 757：華盛頓特區的杜勒斯國際機場（Dulles Int.）往洛杉磯，乘載 64 人

 聯航 175 號班機，波音 767：波士頓往洛杉磯，乘載 65 人

 聯航 93 號班機，波音 757：紐華克（Newark）往舊金山，乘載 44 人

時間軸

（美東標準時間）

08:19 地勤人員收到 11 號班機遭劫的警示；國民警衛隊開始籌備戰鬥機。

08:46 穆罕默德・艾塔（Mohammed Atta）迫使 11 號班機衝撞世貿中心的北塔。

09:03 175 號班機衝撞世貿南塔的第 75 至 85 樓層。

09:37 77 號班機撞進五角國防大廈的西側。

09:42 所有美國班機停飛。

09:45 白宮和國會大廈疏散人潮。

09:59 世貿南塔倒塌。

10:07 93 號班機乘客和機組人員從友人身上得知攻擊事件，於是起身對抗劫機者，結果飛機墜至賓州一片田野。

10:28 世貿北塔倒塌。

20:19 小布希（Bush）總統對全國發表演說。

事發經過？

各架飛機都遭到劫持，機關接獲第一批攻勢的機組人員通報，在國民警衛隊籌備好戰鬥機前，已有兩架飛機撞上世貿中心（World Trade Center）。每架飛機上的乘載人皆全員喪命，地面上也有數千人死亡。

蓋達基地組織

Al Qaeda

奧薩瑪・賓・拉登（Osama bin Laden）所統領的恐怖組織認為美國力量薄弱，也確實暴露出美國國家安全的弱點，但很快就做了補正。

雙子星大廈

Twin Towers

大樓倒塌後，「原爆點」成為參觀致意的地點。現在紀念博物館，內含一棵「倖存者之樹」（survivor tree）。

2,750 人喪命於紐約。

184 人死於五角國防大廈。

40 人死於賓州。

全 19 名恐怖攻擊者無一生還。

400 名警員和消防人員喪命。

後續發展

電視整天重複播放事發片段，數百萬名觀眾備感驚恐。北大西洋公約組織（NATO）第一次啟用〈憲法第五條〉，讓組織成員集體應變。10 月 7 日，美國攻打阿富汗，開啟漫長而血腥的戰爭。

大事年表

約 1420 至 1670 年代：歐洲各國開始探索未知的世界。

約 1330 至 1350 年代：黑死病肆虐歐洲，奪走數百萬條人命。

約 1400 至 1600 年代：文藝復興期間藝文和科學蓬勃發展。

約 1300 至 1521 年：阿茲特克帝國在中南美洲繁盛發展。

約 1439 年：約翰尼斯·古騰堡發明印刷機。

1478 年：西班牙宗教裁判所開始調查改信天主教者的信仰。

1508 至 1513 年：尼古拉·哥白尼提出自己主張的天體運行理論之綱要。

1515 年：馬丁·路德抨擊天主教會。

1526 年：蒙兀兒帝國於北印度創立。

1534 年：〈至高權法案〉宣布亨利八世成為英國國教會至高首領。

1620 年：新教分離主義者搭乘五月花號航向美國。

1632 年：泰姬瑪哈陵建造工程開始。

1649 年：查理一世受處決，撼動君權神授的觀念。

1660 年：英國恢復君王制。

1692 年：美國發生塞勒姆審巫案。

1756 年：沃夫岡·阿瑪迪斯·莫札特誕生。

1776 年：13 州代表簽署〈美國獨立宣言〉。

1783 年：〈巴黎和約〉正式終結美國獨立革命。

1787 年：第一艦隊離開英帝國，航向澳洲。

1789 年：法國大革命開始。

1804 年：拿破崙·波拿巴稱帝。

1811 年：南美開始獨立抗爭。

1825 年：斯托克頓-達靈頓鐵道體現運輸革命。

1833 年：英國廢止奴隸制。

1861 年：美國開始南北戰爭。

1867 年：卡爾·馬克思發表《資本論》。

1868 年：戊辰戰爭使得日本幕府時代告終。

1897 年：英國全國婦女投票聯盟創立。

1898 年：中國的義和團開始攻擊洋人，招致激烈報復。

1903 年：奧維爾·萊特讓飛行器在空中飛行 12 秒。

1914 年：斐迪南·法蘭茲大公遇刺，使得第一次世界大戰爆發。

1917 年：俄羅斯掀起革命。

1918 年：西班牙流感導致數千萬人死亡。

1929 年：美國股市大跌，爆發經濟大蕭條。

1936 年：西班牙內戰開始。

1939 年：納粹勢力入侵波蘭，揭開第二次世界大戰序幕。

1941 年：日本襲擊珍珠港。

1945 年：歐洲戰場勝利。

1945 年：史上第一顆原子彈投落於廣島。

1947 年：印度獨立。

1947 年：好萊塢 10 名影星拒絕配合眾議院非美活動調查委員會行動。

1949 年：毛澤東主席創立中國人民共產黨。

1953 年：古巴革命讓共產主義勢力迫近美國。

1955 年：越戰開始。

1955 年：黑人羅莎·帕克斯拒絕在公車上讓座的事件，助長黑人民權運動。

1960 年：避孕藥上市，造福美國女性。

1962 年：古巴飛彈危機讓世界緊臨核武戰爭風險。

1969 年：阿波羅十一號將第一名人類送上外太空。

1989 年：天安門廣場上的和平民主抗爭受暴力鎮壓。

1990 年：納爾遜·曼德拉從獄中獲釋。

2001 年：911 恐怖攻擊中，4 架遭劫持的飛機重創美國。

延伸閱讀

數世紀以來，歷史學家、生物學家和哲學家想去瞭解致使各個事件在特定時機、特定情境下發生的因素。大家得到的答案不盡相同，甚至對事件實際發生的日期也意見不一。有些討論性質極為學術導向而艱澀，有些較平易近人，但討論的深度有限。本書只能以廣義面切入。

世界歷史概觀，顧名思義相當概略，但也是下一階段研讀的絕佳選擇。羅伯茲（J. M. Roberts）所著的《新企鵝世界史》（New PenguinHistory of the World）定期編修，現代經典地位廣受認可。對於傳統愛好者，《大英百科全書》（Encyclopaedia Britannica）現推出網路版，涵蓋幾乎生活各面向的討論篇目，歷史亦是其中一大專項。

本書所談的每個主題都有整座書庫的相關書籍，要從中精選幾本來推薦實在不容易。早期探索家的生平傳記，像勞倫斯・柏格林（Laurence Bergreen）《哥倫布：四次航行》（Columbus: The Four Voyages）以及《黃金、香料與殖民地——轉動人類歷史的麥哲倫航海史》（Over the Edge of the World: Magellan's TerrifyingCircumnavigation of the Globe），都是不錯的著眼點。

《西方基督宗教：1400年至1700年》（Christianity in the West 1400-1700）是部引導讀者瞭解宗教改革各個面向的入門著作；安東妮亞・弗雷瑟（Antonia Fraser）的《亨利八世的六名妻子》（Six Wives of Henry VIII），針對分裂情勢，從英格蘭的教會、國家及政治上各個與人相關的面向進行探索。她在《蘇格蘭的瑪麗女王》（Mary, Queen of Scots）中的刻劃方式，也相當值得推薦。

休・湯瑪士（Hugh Thomas）所寫的《奴隸交易：1440年至1870年間的大西洋奴隸交易》（Slave Trade: The Story of the Atlantic Slave Trade 1440-1870）深入探討艱難的主題，而大衛・科丁利（David Cordingly）的《黑旗之下》（Under the Black Flag），則長篇細究海盜黃金時期。至於英國殖民印度的書作，威廉・達爾林普爾（William

Dalrymple）的各冊作品都值得參考，特別是《蒙兀兒末代皇帝》（TheLast Mughal）。

戈登・伍德（Gordon Wood）的《美國獨立革命》（American Revolution）和《美國革命的意識形態起源》（Ideological Origins of the American Revolution）廣受讚譽；詹姆斯 麥克佛森（James McPherson）的著作《呼喊自由之戰》（Battle Cry of Freedom）洞悉美國南北戰爭（American Civil War）；想瞭解不一樣的芝加哥世界博覽會，可嘗試艾瑞克・拉森（Eric Larson）的《白城魔鬼》（TheDevil in the White City），可讀性高。

邁克爾・霍爾德（Michael Howard）的《首次世界大戰》（TheFirst World War）是介紹第一次世界大戰的優秀作品；而邁克爾・布雷（Michael Burleigh）的《第三帝國：新歷史》（Third Reich: A New History）為希特勒和第二次世界大戰提供背景解析；約翰・路易斯・蓋迪斯（John Lewis Gaddis）所著的《冷戰》（TheCold War）詳細討論戰後的世界；而《毛澤東：鮮為人知的故事》（Mao: The Unknown Story）由張戎和喬・哈利戴（Jon Halliday）合著，是部令人深思的作品。

湯瑪士・伍爾夫（Tom Wolfe）探討美國太空總署計畫的《太空先鋒》（TheRight Stuff）非常傑出，大概僅次於太空人吉姆・洛維爾（Jim Lovell）在阿波羅十三號任務中的記事作《棄月行》（Lost Moon），畢竟沒有什麼能比得過親身經歷的記事了。卡爾・伯恩斯坦（Carl Bernstein）和巴柏・伍德華（Bob Woodward）合寫的《總統的人馬》（All the President's Men），於書中道出自己在水門案醜聞中分別扮演的角色。納爾遜・曼德拉的自傳作品《漫漫自由路》（Long Walk to Freedom）一上市就躋升暢銷書。關於九一一恐攻事件，歷史尚未完全釐清，但勞倫斯・萊特（Laurence Wright）就目前已知資訊寫出了精采著作《末日巨塔：蓋達組織與通往九一一之路》（Looming Tower: Al Qaeda's Road to 9/11）。

1066年起歷任英國君王列表

諾曼王朝 (Norman Kings)

「征服者」威廉一世（William I）：1066至1087年
威廉二世（William II）：1087至1100年
亨利一世（Henry I）：1100至1135年
史蒂芬國王（Stephen）：1135至1154年

金雀花王朝 (Plantagenets)

亨利二世（Henry II）：1154至1189年
理查一世（Richard I）：1189至1199年
約翰國王（John）：1199至1216年
亨利三世（Henry III）：1216至1272年
此後疆土包含威爾斯地區在內。
愛德華一世（Edward I）：1272至1307年
愛德華二世（Edward II）：1307至1327年
愛德華三世（Edward III）：1327至1377年
理查二世（Richard II）：1377至1399年

蘭開斯特家族 (House of Lancaster)

亨利四世（Henry IV）：1399至1413年
亨利五世（Henry V）：1413至1422年
亨利六世（Henry VI）：1422至1461年

約克家族 (House of York)

愛德華四世（Edward IV）：1461至1483年
愛德華五世（Edward V）：1483年
理查三世（Richard III）：1483至1485年

都鐸王朝 (Tudors)

亨利七世（Henry VII）：1485至1509年
此後疆土包含愛爾蘭在內。
亨利八世（Henry VIII）：1509至1547年
愛德華六世（Edward VI）：1547至1553年
瑪麗一世（Mary I）：1553至1558年
伊莉莎白一世（Elizabeth I）：1558至1603年

斯圖亞特王朝 (Stuarts)

此後疆土包含蘇格蘭在內。
詹姆士一世（James I，蘇格蘭詹姆士六世〔James VI of Scotland〕）：1603至1625年
查理一世（Charles I）：1625至1649年

大英國協 (Commonwealth)

「護國公」奧利弗·克倫威爾（Oliver Cromwell）：1653年至1658年
理查·克倫威爾（Richard Cromwell）：1658至1659年

復辟王朝 (Restored Monarchy)

查理二世（Charles II）：1660至1685年
詹姆士二世（James II，蘇格蘭詹姆士八世〔James VII of Scotland〕）：1685至1688年
威廉三世（William III）與瑪麗二世（Mary II）：1680年
安妮女王（Anne）：1702至1714年

漢諾威王朝 (Hanoverians)

喬治一世（George I）：1714至1727年
喬治二世（George II）：1727至1760年
喬治三世（George III）：1760至1820年
喬治四世（George IV）：1820至1830年
威廉四世（William IV）：1830至1837年
維多利亞女王（Victoria）：1837年至1901年

薩克森-科堡-哥達家族 (House of Saxe-Coburg and Gotha)

愛德華七世（Edward VII）：1901至1910年

溫莎王朝 (House of Windsor)

喬治五世（George V）：1910至1936年
愛德華八世（Edward VIII）：1936年
喬治六世（George VI）：1936至1952年
伊莉莎白二世（Elizabeth II）：1952年——

歷任美國總統列表

1789至1797年：喬治・華盛頓（George Washington）

1797至1801年：約翰・亞當斯（John Adams）

1801至1809年：湯瑪斯・傑佛遜（Thomas Jefferson）

1809至1817年：詹姆斯・麥迪遜（James Madison）

1817至1825年：詹姆斯・門羅（James Monroe）

1825至1829年：約翰・昆西・亞當斯（John Quincy Adams）

1829至1837年：安德魯・傑克森（Andrew Jackson）

1837至1841年：馬丁・范布倫（Martin Van Buren）

1841年：威廉・亨利・哈瑞森（William Henry Harrison）

1841至1845年：約翰・泰勒（John Tyler）

1845至1849年：詹姆斯・波爾克（James K. Polk）

1849至1850年：扎卡里・泰勒（Zachary Taylor）

1850至1853年：米勒德・菲爾莫爾（Millard Fillmore）

1853至1857年：富蘭克林・皮爾斯（Franklin Pierce）

1857至1861年：詹姆斯・布坎南（James Buchanan）

1861至1865年：亞伯拉罕・林肯（Abraham Lincoln）

1865至1869年：安德魯・詹森（Andrew Johnson）

1869至1877年：尤利西斯・格蘭特（Ulysses S. Grant）

1877至1881年：拉瑟福德・海斯（Rutherford Birchard Hayes）

1881年：詹姆斯・加菲爾德（James A. Garfield）

1881至1885年：切斯特・艾倫・阿瑟（Chester A. Arthur）

1885至1889年：格羅弗・克里夫蘭（Grover Cleveland）

1889至1893年：班傑明・哈瑞森（Benjamin Harrison）

1893至1897年：格羅弗・克里夫蘭

1897年至1901年：威廉・麥金萊（William McKinley）

1901至1909年：狄奧多・老羅斯福（Theodore Roosevelt）

1909至1913年：威廉・塔虎脫（William H. Taft）

1913至1921年：伍德羅・威爾遜（Woodrow Wilson）

1921至1923年：沃倫・哈定（Warren G. Harding）

1923至1929年：卡爾文・柯立芝（Calvin Coolidge）

1929至1933年：赫伯特・胡佛（Herbert Hoover）

1933至1945年：富蘭克林・小羅斯福（Franklin D. Roosevelt）

1945至1953年：哈瑞・杜魯門（Harry S. Truman）

1953至1961年：德懷特・艾森豪（Dwight D. Eisenhower）

1961至1963年：約翰・甘迺迪（John F. Kennedy）

1963至1969年：林登・詹森（Lyndon B. Johnson）

1969至1974年：理察・尼克森（Richard M. Nixon）

1974至1977年：傑拉德・福特（Gerald R. Ford）

1977至1981年：吉米・卡特（Jimmy Carter）

1981至1989年：隆納・雷根（Ronald Reagan）

1989至1993年：喬治・布希（George Bush）

1993至2001年：比爾・柯林頓（Bill Clinton）

2001至2009年：喬治・小布希（George W. Bush）

2009至2017年：巴拉克・歐巴馬（Barack Obama）

2017年——：唐納・川普（Donald J. Trump）

一分鐘大歷史：從地理大發現、世紀瘟疫到車諾比核災，160個改變世界的關鍵事件完全圖解【二版】

INSTANT HISTORY:KEY FACTS, FIGURES, DISCOVERIES AND DEVELOPMENTS EXPLAINED ON A SINGLE PAGE

作者	珊卓拉·勞倫斯（Sandra Lawrence）
譯者	陳依萍
責任編輯	張之寧、單春蘭
版面編排	江麗姿
封面設計	任宥騰、江麗姿
資深行銷	楊惠潔
行銷主任	辛政遠
通路經理	吳文龍
總編輯	姚蜀芸
副社長	黃錫鉉
總經理	吳濱伶
發行人	何飛鵬
出版	創意市集 Inno-Fair 城邦文化事業股份有限公司
發行	英屬蓋曼群島商家庭傳媒股份有限公司 城邦分公司 115台北市南港區昆陽街16號8樓

城邦讀書花園　http://www.cite.com.tw
客戶服務信箱　service@readingclub.com.tw
客戶服務專線　02-25007718、02-25007719
24小時傳真　02-25001990、02-25001991
服務時間　週一至週五 9:30-12:00，13:30-17:00
　　　　　劃撥帳號　19863813　戶名：書虫股份有限公司
　　　　　實體展售書店　115台北市南港區昆陽街16號5樓
※如有缺頁、破損，或需大量購書，都請與客服聯繫

香港發行所	城邦（香港）出版集團有限公司 香港九龍土瓜灣土瓜灣道86號 順聯工業大廈6樓A室 電話：(852) 25086231 傳真：(852) 25789337 E-mail：hkcite@biznetvigator.com
馬新發行所	城邦（馬新）出版集團Cite (M) Sdn Bhd 41, Jalan Radin Anum, Bandar Baru Sri Petaling, 57000 Kuala Lumpur, Malaysia. 電話：(603)90563833 傳真：(603)90576622 Email：services@cite.my

製版印刷　凱林彩印股份有限公司
初版 1 刷　2020年7月
二版 1 刷　2025年1月

ISBN　978-626-7488-73-7／定價 新台幣420元
EISBN　9786267488683（EPUB）／電子書定價 新台幣294元

Printed in Taiwan
版權所有，翻印必究

※廠商合作、作者投稿、讀者意見回饋，請至：
創意市集粉專　https://www.facebook.com/innofair
創意市集信箱　ifbook@hmg.com.tw

國家圖書館出版品預行編目資料

一分鐘大歷史: 從地理大發現、世紀瘟疫到車諾比核災,160個改變世界的關鍵事件完全圖解/珊卓拉.勞倫斯(Sandra Lawrence)著; 陳依萍譯. -- 二版. -- 臺北市: 創意市集出版: 城邦文化事業股份有限公司發行, 2025.01
　面；　公分 --
譯自：Instant history : key facts, figures, discoveries and developments explained on a single page
ISBN 978-626-7488-73-7(平裝)
1.CST: 世界史 2.CST: 通俗作品
711　　　　　　　　　　　　　　113017647